Voyager
sans souci

D1402849

Catalogage avant publication de Bibliothèque et Archives nationales du Québec et Bibliothèque et Archives Canada

De Vailly, Corinne, 1959-

    [Trucs et astuces pour voyager sans souci]

    Voyager sans souci

    2e édition.

    (Collection Guides pratiques)

    Publié antérieurement sous le titre : Trucs et astuces pour voyager sans souci. c2004.

    ISBN 978-2-7640-2204-7

    1. Voyages – Guides. I. Titre. II. Titre : Trucs et astuces pour voyager sans souci. III. Collection : Collection Guides pratiques (Montréal, Québec).

G151.V34 2013   910.2'02   C2013-941792-3

© 2013, Les Éditions Québec-Livres
pour la présente édition
Groupe Librex inc.
Une société de Québecor Média
1055, boul. René-Lévesque Est, bureau 201
Montréal (Québec) H2L 4S5
Tél. : 514 270-1746

Tous droits réservés

Dépôt légal : 2013
Bibliothèque et Archives nationales du Québec

Pour en savoir davantage sur nos publications,
visitez notre site : **www.quebec-livres.com**

Éditeur : Jacques Simard
Infographie : Claude Bergeron

Imprimé au Canada

Gouvernement du Québec – Programme de crédit d'impôt pour l'édition de livres – Gestion SODEC.

L'Éditeur bénéficie du soutien de la Société de développement des entreprises culturelles du Québec pour son programme d'édition.

Nous reconnaissons l'aide financière du gouvernement du Canada par l'entremise du Fonds du livre du Canada pour nos activités d'édition.

DISTRIBUTEURS EXCLUSIFS :

- Pour le Canada et les États-Unis :
MESSAGERIES ADP*
2315, rue de la Province
Longueuil, Québec J4G 1G4
Tél. : (450) 640-1237
Télécopieur : (450) 674-6237
* une division du Groupe Sogides inc.,
filiale du Groupe Livre Québecor Média inc.

- Pour la France et les autres pays :
INTERFORUM editis
Immeuble Paryseine, 3, Allée de la Seine
94854 Ivry CEDEX
Tél. : 33 (0) 4 49 59 11 56/91
Télécopieur : 33 (0) 1 49 59 11 33

Service commande France Métropolitaine
Tél. : 33 (0) 2 38 32 71 00
Télécopieur : 33 (0) 2 38 32 71 28
Internet : www.interforum.fr

Service commandes Export – DOM-TOM
Télécopieur : 33 (0) 2 38 32 78 86
Internet : www.interforum.fr
Courriel : cdes-export@interforum.fr

- Pour la Suisse :
INTERFORUM editis SUISSE
Case postale 69 – CH 1701 Fribourg
– Suisse
Tél. : 41 (0) 26 460 80 60
Télécopieur : 41 (0) 26 460 80 68
Internet : www.interforumsuisse.ch
Courriel : office@interforumsuisse.ch

Distributeur : OLF S.A.
ZI. 3, Corminboeuf
Case postale 1061 – CH 1701 Fribourg
– Suisse

Commandes : Tél. : 41 (0) 26 467 53 33
Télécopieur : 41 (0) 26 467 54 66
Internet : www.olf.ch
Courriel : information@olf.ch

- Pour la Belgique et le Luxembourg :
INTERFORUM BENELUX S.A.
Fond Jean-Pâques, 6
B-1348 Louvain-La-Neuve
Tél. : 00 32 10 42 03 20
Télécopieur : 00 32 10 41 20 24

Corinne de Vailly

Voyager
sans souci
Trucs et astuces

2e édition

LES ÉDITIONS
Québec-Livres

Une société de Québecor Média

Introduction

Ah, voyager! Partir! Voir d'autres cieux! Vous en rêvez. Vous vous voyez déjà au sommet de la tour Eiffel, au pied des pyramides de Gizeh, sous les cocotiers d'une île paradisiaque du Pacifique, en train de sympathiser avec les Maoris, danser dans un village de Papouasie-Nouvelle-Guinée! Et pourquoi pas? Changer d'air pour une semaine, un mois, un an ..., c'est possible, à la condition de s'y être bien préparé.

L'ouvrage que vous avez entre les mains vous fournit ces petits trucs et astuces qui peuvent faire toute la différence entre un voyage réussi et un voyage gâché. Évidemment, il ne s'agit pas de paroles d'Évangile, de conseils à suivre au pied de la lettre; il faudra les adapter en fonction de votre destination, de votre personnalité, de votre esprit d'aventure. Et il ne vous dispense pas non plus de consulter des guides de voyages, de suivre les conseils d'un agent de voyages..., au contraire!

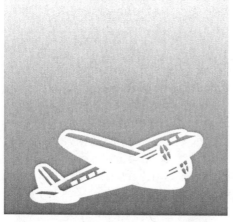

Avant de partir

Avant de vous envoler vers d'autres cieux, forcément plus bleus, quelques précautions s'imposent.

Précautions certes pas inutiles

1 La première précaution est de vous renseigner sur la situation politique, culturelle et économique de votre destination.

2 Pour ce faire, plusieurs options s'offrent à vous. La première est de discuter de votre destination avec des parents, amis, collègues qui l'ont déjà fréquentée, si possible récemment.

3 Les agents de voyages et les missions diplomatiques de ces pays et, bien entendu, les guides touristiques seront d'un précieux secours.

4 Une fois les renseignements pris, dressez un itinéraire, pas trop strict, il peut être sujet à changement sans préavis : comme il est impossible de prévoir un éboulement sur une route de montagne, un accident qui ferme une autoroute, ou une inondation qui dévaste la région que vous vouliez visiter…, restez ouvert et prêt à des changements de dernière minute.

5 À propos d'inondations, renseignez-vous sur les conditions climatiques qui prévalent pour la période de votre séjour dans le pays choisi. En effet, c'est plutôt désagréable d'arriver au Vietnam en pleine mousson, dans les Antilles durant la saison des ouragans ou dans l'hémisphère sud, en août, pensant bénéficier des plages de sable blond alors que c'est l'hiver là-bas.

6 Prévoyez un budget souple. En effet, il ne faut pas être trop serré, car la particularité des imprévus est justement d'être imprévus.

7 Laissez une copie de votre itinéraire à quelqu'un avant de partir. Par exemple, en donnant les numéros de téléphone ou de télécopieur des hôtels où vous avez réservé et les dates auxquelles vous prévoyez y séjourner... en cas de pépins chez vous, on pourra vous joindre avec plus de facilité.

8 Procurez-vous une assurance-maladie qui corresponde au type de voyage que vous entreprenez et en fonction de votre âge et de votre condition physique. Il vous en coûtera sûrement un peu plus cher pour effectuer un trek dans l'Himalaya que pour aller vous reposer sur les plages de la Martinique.

9 Emportez avec vous une preuve de couverture de police d'assurance, le numéro de téléphone de l'assureur pour le joindre en cas d'urgence. Vos compagnons de voyage, votre agent de voyages ou quelqu'un de votre famille devrait également en connaître les détails et la façon de joindre cet assureur.

10 Gardez une photocopie de la page principale (avec photo) de votre passeport sur vous (pas dans le passeport mais bien à un endroit où il sera rapidement accessible en cas de perte de votre document de voyage). Laissez-en aussi une photocopie à un de vos proches resté au pays.

11 Assurez-vous d'avoir reçu tous les vaccins exigés, dans les délais prescrits par le pays où vous vous rendez.

12 Demandez à votre médecin de vous émettre une ordonnance de vos médicaments, surtout si la vente en est réglementée, que vous pourrez présenter en preuve. Un certificat médical est aussi requis si vous devez emporter des seringues pour des raisons médicales.

13 N'oubliez pas de demander tous les visas nécessaires pour entrer dans les pays souhaités. Conservez-en des photocopies séparément des originaux.

14 Avant de vous envoler vers des pays dont vous ne connaissez pas la langue, apprenez quelques expressions dans l'idiome de l'endroit du globe visité, c'est toujours plus sympatique lorsqu'on s'adresse aux gens du pays.

L'agent de voyages est là

15 Vous avez décidé de faire confiance à un agent de voyages pour organiser votre déplacement, c'est bien, mais encore faut-il savoir ce que vous voulez qu'il fasse pour vous.

16 La première chose est de réserver votre voyage le plus tôt possible, afin de bénéficier de la possibilité de choisir votre siège si vous le désirez, mais surtout, sur les destinations très en demande, de vous assurer une place à la date prévue.

17 Votre agent de voyages peut se renseigner pour vous sur votre destination, les conditions d'admission dans le pays, les vaccins exigés ; il vous proposera aussi des dates et des heures de vol, bref, de multiples choses que vous n'avez sans doute pas envie de faire vous-même.

18 Votre agent de voyages vous conseillera sûrement des assurances voyages ; discutez avec lui de la pertinence de ces assurances qui peuvent, bien souvent, se révéler très utiles.

L'aspect financier

19 Voilà le moment de passer à la banque et de vous munir de la monnaie étrangère requise dans le pays de destination. N'oubliez pas que vous aurez besoin d'argent local dès votre descente d'avion (ou de train, de bateau, etc.) pour régler les menus détails, ne serait-ce que prendre un taxi ou téléphoner à des amis qui doivent venir vous chercher.

20 Votre agent de voyages vous conseillera sûrement d'emporter avec vous une ou deux cartes de crédit reconnues, des cartes d'appels téléphoniques (par exemple, Canada Direct pour contacter vos proches restés au pays), quelques chèques personnels en cas de besoin (que vous pourrez utiliser dans une banque, par exemple, pour obtenir une avance de fonds ou pour acheter d'autres chèques de voyage), des chèques de voyage (n'oubliez pas d'en noter les numéros de séries et d'en garder une liste à part avec vous et une autre confiée à un proche resté au pays).

Préparez votre domicile

21 Si votre maison n'est pas occupée en votre absence, n'oubliez pas de prévenir un voisin qui gardera un œil sur votre résidence. Vous pouvez notamment lui laisser vos clés et lui assigner un code personnel pour votre système d'alarme.

22 Votre voisin peut aussi utiliser votre entrée de garage pour y laisser son propre véhicule en votre absence.

23 N'oubliez pas d'installer trois ou quatre minuteries pour les lampes de la maison (variez les heures d'allumage et d'extinction).

24 Assurez-vous que la pelouse sera tondue en été et la neige enlevée en hiver.

25 Votre voisin peut ramasser votre courrier et inspecter la maison tous les jours.

26 Demandez à quelqu'un d'arroser vos plantes en votre absence.

27 Si vous avez un animal de compagnie (chat, lapin, oiseau, reptile), vous pouvez soit le laisser à la maison et qu'un gardien vienne s'en occuper chaque jour, ou encore le faire garder à l'extérieur (chenil, vétérinaire, amis, parents, etc.) surtout dans le cas d'un chien.

28 Faites suspendre la livraison des journaux.

29 Placez vos objets de valeur ailleurs que dans votre maison (chez un parent, un ami, dans un coffre bancaire).

30 N'oubliez pas de laisser votre itinéraire (et des numéros de téléphone où vous joindre) à un proche qui pourra vous contacter rapidement en cas de problèmes.

Les documents
de voyage

Assurance-voyage

31 Que ce soit pour une fin de semaine ou pour un voyage de longue durée, à partir du moment où vous quittez votre pays, prendre une assurance-voyage est essentiel. La plupart des régimes d'assurance-maladie publics ne couvrent plus les soins médicaux à l'étranger et ceux-ci peuvent souvent se révéler très élevés. Une hospitalisation en pays étranger peut devenir une véritable galère: vous ne parlez pas la langue, les soins peuvent être rudimentaires, les tracasseries administratives innombrables, les frais coûteux (vous pourriez y laisser vos biens en plus de votre santé), sans oublier le stress que cela vous causera tout comme aux membres de votre famille.

Assurance-annulation

32 Lisez toujours bien attentivement les modalités de votre assurance-annulation, pour être sûr d'en bien comprendre tous les tenants et aboutissants.

33 Généralement, l'assurance-annulation rembourse tous les frais engagés pour votre voyage et exigés par les organisateurs, en cas de maladies, la vôtre, celle d'une personne qui voyage avec vous ou d'un proche qui ne part pas, ou encore en cas de décès attesté par certificat médical ou de décès d'un parent en ligne directe.

34 N'oubliez pas que l'assurance-annulation ne couvre que les événements subits, donc que vous ne pouviez pas prévoir au moment où vous avez souscrit l'assurance. Si, par exemple, votre mère meurt d'un cancer deux jours avant votre départ, votre billet ne sera pas remboursé, car c'est un événement qui pouvait survenir et dont vous étiez au courant.

35 En cours de voyage, votre assurance-annulation couvre les frais engagés par un retour forcé, sauf restrictions : les mêmes que précédemment.

36 L'assurance-annulation ne couvre pas les départs retardés pour cause de désastres naturels ou de tempêtes de neige, sauf si l'organisateur du voyage (le grossiste) annule le voyage. Vous ne pouvez, de vous-même, renoncer à partir parce qu'il y a un ouragan dans votre île de prédilection.

Passeport

37 Dès que vous mettez le pied en dehors de votre pays, le passeport (même s'il n'est pas exigé dans certains cas, notamment pour les résidents de l'Union européenne voyageant dans l'espace Schengen) est essentiel. Même les Canadiens (pour qui le passeport n'est pas exigé pour voyager aux États-Unis et au Mexique) devraient avoir un passeport valide (les règlements changent rapidement depuis le 11 septembre 2001). Renseignez-vous toujours avant d'acheter votre billet d'avion.

38 Le passeport permet d'établir rapidement votre identité et votre citoyenneté auprès des autorités frontalières et vous serez ainsi moins sujet aux tracasseries administratives. C'est le seul document qui est accepté par tous les pays du monde.

39 À la différence d'un certificat de naissance ou d'un permis de conduire, un passeport peut être remplacé s'il est perdu ou volé au cours de votre voyage.

40 Votre passeport sera nécessaire pour des actes juridiques ou pour des transactions financières, par exemple, pour en-caisser des chèques de voyage dans une banque ou dans un bureau de change.

41 Essayez de faire votre demande de passeport pendant la saison creuse, entre juin et novembre.

42 Assurez-vous que votre passeport est valide. Vérifiez qu'il n'expire que bien après votre retour; certains pays exigent que le passeport expire plus de six mois après votre retour chez vous.

43 Signez votre passeport et assurez-vous que votre adresse y soit aussi inscrite, ainsi que celle de la personne avec qui communiquer en cas d'urgence.

44 Faites deux photocopies de la page d'identification de votre passeport.

45 Remettez-en une à un ami ou à un parent qui reste au Canada.

46 Emportez en voyage la deuxième copie. En voyage, ne gardez pas la photocopie de la page d'identification avec l'original. On pourra ainsi plus facilement remplacer votre passeport en cas de perte ou de vol.

47 Votre passeport est un document précieux. Prenez-en soin. Il vaut mieux ne pas laisser votre passeport dans vos bagages, votre voiture, votre chambre d'hôtel ou tout autre endroit où vous n'êtes pas.

48 Gardez votre passeport sur vous en tout temps, dans la poche intérieure de votre manteau à condition qu'elle ferme bien, dans votre sac à main ou dans votre ceinture porte-billets. À l'hôtel, vous pouvez demander qu'on le mette dans le coffre de l'établissement.

49 Dans certains pays, un employé de l'hôtel ou un représentant du gouvernement peut demander de garder votre passeport pour des vérifications d'identité; si vous constatez qu'on ne vous le rend pas dans un délai raisonnable, communiquez avec l'ambassade ou le consulat de votre pays pour signaler le problème.

Que faire en cas de papiers volés?

50 Si vos papiers (notamment votre passeport) sont volés ou détruits, sans tarder, appelez la police locale pour en signaler le vol ou la destruction. Ensuite, communiquez avec votre ambassade ou consulat de votre pays le plus près. C'est là que la photocopie de la première page de votre passeport peut vous faire gagner un temps précieux; vous pourrez la montrer à la police locale et aux autorités de votre pays (une enquête sera menée avant de vous émettre un nouveau document) pour accélérer le processus de délivrance d'un nouveau passeport.

51 Si vous retrouvez votre passeport alors que l'ambassade ou le consulat de votre pays vient de vous en émettre un autre, vous devez absolument le signaler aux autorités diplomatiques car il est interdit d'être en possession de deux passeports ou documents de voyage valides.

52 Si vous trouvez un passeport, vous devez le rapporter dans un poste de police local ou à l'ambassade ou consulat du pays du détenteur du passeport.

Visa

53 Si un visa ou un droit d'entrée est exigé pour vous donner accès au pays de votre choix, votre agent de voyages est bien placé pour vous indiquer les exigences en matière de documents de voyage pour certains pays (que l'on parle de visas ou de certificats de vaccination).

54 Ensuite, soit l'agent de voyages se charge de se procurer ce visa (selon le pays), soit vous devez prendre contact avec l'ambassade ou le consulat du pays visité pour obtenir ces documents, sans lesquels vous risquez d'être refoulé.

55 Chaque pays a le droit d'imposer des conditions d'accès à son territoire, de limiter la durée de séjour et même de refuser l'entrée aux étrangers.

56 Un visa, un permis d'entrée ou de sortie et même un certificat de santé sont souvent requis pour entrer dans un pays. Il vous faut donc prendre les dispositions nécessaires à l'avance puisque ces documents sont difficiles, voire impossibles à obtenir aux douanes.

Pays qui exigent un visa[*]

Afghanistan
Algérie
Angola
Arabie saoudite
Arménie
Australie
Azerbaïdjan

Bahreïn
Bangladesh
Bélarus
Bénin
Bhoutan
Birmanie (Myanmar)
Bolivie
Brésil
Brunéi
Bulgarie
Burkina Faso
Burundi

Cambodge
Cameroun
Cap-Vert
Chine
Comores
Congo (Brazzaville)
Congo (Kinshasa)
Corée du Nord
Côte d'Ivoire
Cuba

Djibouti

Égypte
El Salvador
Émirats Arabes Unis
Érythrée
Estonie
Éthiopie

Fidji

Gabon
Gambie
Géorgie
Ghana

Guinée
Guinée-Bissau
Guinée équatoriale

Inde
Indonésie
Iran
Irak

Jordanie

Kazakhstan
Kenya
Kirghistan
Koweït

Laos
Lesotho
Liban
Libéria
Libye

Macao
Macédoine
Madagascar
Mali
Mariannes du Nord
Marshall (Îles)
Mauritanie
Mexique
Moldavie
Mongolie
Mozambique

Nauru
Népal
Nicaragua
Niger
Nigéria

Oman
Ouganda
Ouzbékistan

Pakistan
Palau
Panama

Papouasie-Nouvelle-
   Guinée
Paraguay
Philippines
Pologne
Polynésie française

Qatar

République
   centrafricaine
République
   dominicaine
République tchèque
Russie
Russie-Tchétchénie
Rwanda

Samoa
Sao Tomé-et-Principe
Sierra Leone
Soudan
Surinam
Syrie

Tadjikistan
Taïwan
Tanzanie
Tchad
Thaïlande
Togo
Tonga
Turkménistan
Turquie
Tuvalu

Ukraine

Vanuatu
Viêt-Nam

Yémen

Zambie
Zimbabwe

[*] Pour les Canadiens (en date de mai 2003)

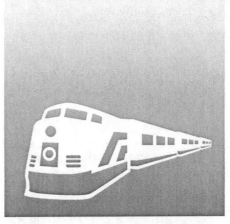

Faire ses valises

57 Il vaut mieux voyager léger, que l'on parte seul ou à plusieurs ; moins les bagages sont lourds, mieux on se déplace.

58 Si vous voyagez seul, vous serez moins vulnérable et plus indépendant si vous n'avez pas une valise trop lourde et plusieurs sacs à transporter.

59 Les voyageurs aguerris privilégient une petite valise à roulettes ou un sac à dos ; il en existe également à roulettes. L'important est d'avoir une main libre en tout temps.

60 Avant de partir en voyage, vous pouvez vous exercer à monter des marches avec votre bagage. Cet exercice vous permettra de mieux déterminer le poids que vous pouvez porter et celui qui se révèle beaucoup trop lourd pour vos capacités.

61 Emportez également un fourre-tout ou un petit sac à dos qui sera bien utile pour les excursions. Un petit sac de nylon supplémentaire peut y être inséré pour contenir vos achats éventuels.

62 Doit-on ou non fermer ses valises à clé lorsqu'on voyage ? Normalement oui, mais depuis le 11 septembre 2001, certaines douanes exigent des bagages non cadenassés pour faciliter la fouille. Le mieux est d'emporter avec vous plusieurs petits cadenas et deux jeux de clés pour chacun d'eux, de manière à pouvoir les remplacer si les douaniers ont été obligés de les forcer ou pour les fermer lors de votre séjour à l'hôtel.

63 Évitez les bagages trop luxueux; ils attireront l'attention des voleurs. La même recommandation vaut pour les étuis d'appareil photo ou de caméra, etc.

64 Pour identifier vos bagages, préférez des étiquettes à rabat qui protégeront votre identité des regards indiscrets à l'aéroport, et notamment de ceux d'éventuels cambrioleurs qui, sachant votre adresse, pourraient profiter de votre absence pour visiter votre domicile.

65 Pour le bagage à main, un sac à plusieurs compartiments intérieurs, muni d'une fermeture à glissière et d'une large courroie qui vous permettra de le porter en bandoulière, est recommandé. Si vous portez votre sac devant vous, sur le ventre, les voleurs à la tire ne vous prendront pas comme cible.

66 Dans votre bagage à main, ne conservez que les articles légers de première nécessité; s'ils sont perdus ou volés, vous pourrez les remplacer facilement.

67 Pour les documents de voyage tels que chèques, argent comptant, ordonnances médicales, copies du passeport et d'assurance médicale, mieux vaut les avoir directement sur vous, dans vos vêtements (par exemple, poche intérieure munie d'une fermeture éclair), ou encore dans une ceinture à la taille ou une pochette portée autour du cou et camouflée sous des vêtements amples.

Que mettre dans son bagage à main?

- Les documents de voyage (billet d'avion, passeport, itinéraires), mais il est préférable de les mettre dans une ceinture de voyage
- L'argent (comptant, chèques de voyage, cartes de crédit), mais il est préférable de les mettre dans une ceinture de voyage
- Les objets de valeur (téléphone portable, caméra numérique, appareil photo, baladeur, etc.)
- De menus articles de toilette (dentifrice, brosse à dents, soie dentaire, serviettes humides jetables)
- Des vêtements de rechange (au cas où votre valise serait égarée)
- Des médicaments et une ordonnance, si nécessaire
- De la gomme
- Un stylo et un carnet de notes
- Un livre de poche ou un magazine
- N'emportez ni couteau, ni ciseau, ni objet tranchant; il vous sera confisqué avant l'embarquement

68 Pour pouvoir fréquenter les plages sans crainte de laisser vos documents entre des mains inconnues, vous pouvez faire l'acquisition d'une pochette imperméable qui se porte à la taille et avec laquelle vous pourrez vous baigner.

69 Conservez dans son contenant d'origine tout médicament que vous emportez, de manière à pouvoir mieux en expliquer la présence dans vos bagages.

Comment faire sa valise?

Vous voilà devant votre valise ouverte à vous demander comment l'arranger pour ne pas froisser tous vos vêtements, occuper le moins de place possible et surtout pour qu'elle ne soit pas trop lourde à porter.

70 Il faut d'abord pallier l'urgence; glisser une chemise de rechange et des sous-vêtements dans votre bagage à main, au cas où votre valise aurait manqué l'avion.

71 Dans cette valise, allez-y avec les coordonnés; optez pour des vêtements qui s'agencent et s'interchangent, de manière à ne pas trop en emporter.

Que mettre dans sa valise?

- Une tenue chic incluant des souliers appropriés
- Une paire de souliers confortables (espadrilles ou baskets)
- Une paire de sandales
- Des chaussures en caoutchouc pour la plage et la douche (tong)
- Deux maillots de bain et un paréo
- Un chapeau et des lunettes de soleil
- Une veste ou un chandail pour les soirées plus fraîches
- Un parapluie
- Un vêtement imperméable avec capuche
- Des chaussettes et sous-vêtements
- Deux shorts
- Deux ou trois ensembles

Les articles de toilette

- Un shampooing et un conditionneur
  (ou un deux-dans-un qui prend moins de place)
- Une crème solaire (minimum 15), du baume à lèvres,
  une lotion après-soleil
- Une trousse de premiers soins (pansements,
  mercurochrome, crème antiseptique, pince à épiler,
  petits ciseaux)
- Un savon et savonnier
- Un antisudorifique
- Un peigne et une brosse
- Un rasoir, des lames, de la mousse à raser
- Des médicaments contre la diarrhée et la
  constipation
- Un coupe-ongles
- Un aérosol antimoustique
- Un séchoir à cheveux de voyage (adaptateur si
  nécessaire)
- Des serviettes hygiéniques

Autres

- Petit nécessaire de couture (avec épingles de sûreté,
  deux ou trois boutons, fil et aiguille)
- Films et piles supplémentaires pour appareil photo
- Petite lampe de poche et piles
- Réveil de voyage
- Sac de plage ou d'excursion

72 Essayez de préparer vos bagages au moins deux jours à l'avance, de façon à ne rien oublier, mais aussi pour ajouter à la dernière minute les articles indispensables.

73 Avez-vous vraiment besoin de votre peignoir et de votre séchoir à cheveux? De nombreux hôtels en fournissent. Renseignez-vous avant de partir; vous ne trimballerez pas les vôtres inutilement.

74 Disposez les articles les plus lourds et les chaussures le long des parois de la valise. Emballez vos chaussures de sacs de plastique (qui serviront au retour pour les articles sales) de manière à protéger vos vêtements de leur contact. Dans les chaussures, mettez vos bas de nylon et vos chaussettes pour économiser de l'espace.

75 Roulez les jeans et les vêtements sport et placez-les dans le fond de la valise. Par-dessus, disposez les pulls, les chemisiers, et glissez les articles les plus fragiles entre eux.

76 Remplissez bien votre valise de manière que le contenu ne bouge pas et que les articles fragiles ne se brisent pas. Si votre valise est trop grande pour ce que vous emportez, choisissez-en une plus petite.

77 Mettez tous les produits liquides dans des bouteilles de plastique que vous ne remplirez pas à ras bord. Mettez ensuite le tout dans un sac de plastique qui se ferme bien.

78 Pour éviter les mauvais plis, roulez les t-shirts et les sousvêtements et glissez-les dans les plis des vêtements fragiles. Disposez des sacs de plastique du nettoyeur entre les costumes ou les vêtements plus sujets aux froissements.

79 N'acceptez jamais de transporter dans votre valise (ou votre bagage à main) un paquet, une lettre, quoi que ce soit remis par une personne que vous ne connaissez pas ou en qui vous n'avez pas confiance.

80 Si vous envisagez de faire de la randonnée, voici ce que devra contenir votre sac à dos.

Que mettre dans son sac de randonnée?

- Chaussures de marche
- Paires de chaussettes (épaisses pour protéger vos pieds)
- Shorts
- Chemises ou chemisiers
- Tee-shirts
- Pulls
- Pantalons
- Vêtements de nuit confortables
- Imperméable
- Lunettes de soleil
- Chapeau ou casquette
- Serviettes périodiques et autres produits hygiéniques
- Jumelles
- Appareil photo et pellicules (ou caméra numérique)
- Allumettes ou briquet tempête
- Papier journal (pour se protéger du froid)
- Provisions sèches pour deux jours (barres granola, eau, noix, amandes, fruits secs, etc.)
- Casseroles, assiettes, couverts
- Ficelle
- Couteau
- Trousse à pharmacie

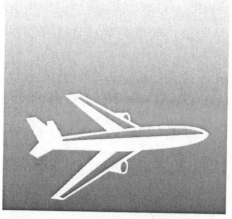

Pour être à l'aise dans l'avion

Choisir sa place

81 Si vous avez des problèmes de santé, notamment des varices, ou si vous avez des antécédents de phlébite, il vaut mieux que vous choisissiez une place où vous pourrez allonger vos jambes. Un siège près d'une issue de secours, qui est un accès dégagé, ou dans l'allée, est préférable.

82 Vous êtes sujet au mal de l'air? Alors choisissez plutôt une place au centre de l'avion.

83 Pour avoir le plus d'air, placez-vous à l'avant de l'avion; le système de pressurisation injecte l'air à l'avant de celui-ci alors que l'air vicié sort vers l'arrière.

84 Pour bénéficier d'une plus belle vue au décollage et à l'atterrissage, choisissez un siège près d'un hublot, mais pas au niveau des ailes, car elles vous cacheront la vue.

85 Pour dormir plus tranquille, évitez l'arrière de l'appareil car c'est là que ça bouge le plus et la proximité des toilettes n'est pas toujours agréable.

86 Pour pouvoir choisir, il faut arriver en avance à l'embarquement ou encore réserver sa place en prenant son billet, en déboursant un léger supplément.

87 La première recommandation pour être à l'aise dans l'avion est de s'habiller avec des vêtements amples qui ne restreignent pas les mouvements ; le corps doit s'adapter à la pression en cabine.

88 Veillez particulièrement sur vos pieds ; portez des chaussures lacées confortables (que vous pourrez desserrer) plutôt que des bottes ou des souliers avec une fermeture éclair.

89 La sécheresse de l'air ambiant peut être combattue à l'aide d'une bonne crème hydradante et d'un baume pour les lèvres que vous appliquerez régulièrement.

90 Si vous utilisez des contraceptifs oraux, n'oubliez pas de prendre une pilule toutes les 24 heures, en prenant garde de ne pas vous tromper dans les fuseaux horaires.

91 En vol, buvez régulièrement de l'eau et mastiquez de la gomme pour réduire la pression dans vos oreilles, en particulier au moment du décollage et de l'atterrissage.

Qu'est-ce que le syndrome de la classe économique ?

On parle de plus en plus du syndrome de la classe économique, mais on ne sait pas toujours très bien le définir.

92 Des études tendent à démontrer que rester assis pendant plus de cinq heures représenterait un risque de formation de caillots (thrombose) dans une veine des membres inférieurs. Cela pourrait amener des complications, notamment une embolie pulmonaire, lorsqu'un caillot se déplace dans les poumons.

93 Une enquête[1] menée sur 135 millions de passagers ayant atterri à l'aéroport Charles-de-Gaulle (France) entre novembre 1993 et décembre 2000 a recensé 56 embolies pulmonaires, ce qui équivaut à 0,01 cas par million de passagers. Toutefois, on dénombre 4,8 cas par million de passagers lorsque le trajet est de plus de 5 000 km et plus.

94 Le problème ne serait pas attribuable à l'étroitesse des sièges de la classe économique mais à l'immobilité des passagers pendant plusieurs heures. Les voyageurs en classe affaires ou en première subissent aussi les mêmes problèmes, même si leurs sièges sont plus confortables. Et les femmes seraient plus sujettes à connaître des problèmes liés au syndrome de la classe économique que les hommes.

95 L'avion n'est pas le seul moyen de transport à connaître ce type de problème ; tous les moyens de déplacement (autocar, train, voiture) sont touchés lorsque le voyageur ne se dégourdit pas les jambes régulièrement. On a aussi constaté que les problèmes surviennent d'emblée lors de vols de nuit sans escale ainsi que sur de longues envolées (de l'Asie vers l'Europe ou de l'Amérique vers l'Afrique), les passagers ayant alors tendance à se recroqueviller pour dormir et à oublier de marcher ou de faire des exercices pour leurs jambes.

96 Parmi les facteurs qui peuvent mettre les voyageurs mal en point, on note la dépression barométrique, la baisse de pression en oxygène, la déshydratation, l'immobilité, la fatigue, le stress, les variations de température, le décalage horaire et les horaires déréglés des repas et collations en vol.

---

1. Source : *New England Journal of Medicine*, 2001.

Prévenir la thrombose

Un bon moyen de prévenir la thrombose demeure le port de bas de contention veineuse et le respect de quelques consignes :

- marchez quelques minutes toutes les heures (dans l'allée de l'avion);
- si cela est compliqué, bougez les pieds (extension, flexion, rotation);
- la circulation sanguine doit pouvoir se faire sans entrave, donc évitez les jeans serrés;
- buvez de l'eau car la déshydratation est un facteur aggravant (évitez l'alcool et le café);
- un médecin pourra vous indiquer si, dans votre cas, la prise d'une faible dose d'aspirine peut être utile.

La croisière s'amuse...

Vous avez choisi de partir en croisière pour la première fois de votre vie et vous vous posez quelques questions sur le sujet ? Eh bien ! voici des informations qui risquent de vous intéresser.

97 Pour la plupart des croisières, l'embarquement commence en après-midi. Vous devez arriver à l'heure que l'on vous a indiquée. Dans certains cas, un service de navette vous est offert pour vous emmener jusqu'au paquebot. Vous devez vous assurer d'être à bord au moins une heure avant le départ, que ce soit à l'embarquement initial ou au retour d'une visite à terre.

98 Vous n'avez pas le droit d'inviter des gens (non passagers) à monter à bord, pour des raisons de sécurité.

99 Pour embarquer, vous devez présenter vos documents de croisière à l'un des préposés à l'accueil, au terminal maritime. Cette personne vous donnera une carte d'embarquement vous donnant accès au navire ainsi qu'à votre cabine ; veillez à les garder en lieu sûr.

100 Votre carte d'embarquement indique également votre numéro de table dans la salle à manger et l'horaire du service des repas qui vous a été octroyé. Cette carte vous permet aussi de faire des achats à bord dans certaines compagnies de croisière.

101 À bord, il est parfois possible d'obtenir une cabine de niveau supérieur, si celle que vous avez obtenue ne vous convient pas, en payant la différence de prix en argent comptant ou par chèque de voyage, et cela sous réserve qu'une autre cabine soit libre.

102 Règle générale, pour payer vos achats à bord, les cartes de crédit courantes et les chèques de voyage sont acceptés.

103 Vous pouvez emmener vos enfants en croisière, en veillant à ce qu'ils respectent les règlements à bord. Ainsi, ils ne doivent pas être laissés sans surveillance sur les ponts, dans les salons ou sur les pistes de danse. Les enfants n'ont pas accès au casino.

104 Un lit pour bébé peut être installé dans les cabines et des services de garde sont offerts par le personnel de croisière selon sa disponibilité, le tout moyennant un déboursé supplémentaire.

105 N'hésitez pas à demander de l'aide au commissaire de bord ; il est là pour vous rendre service en tant que banquier, postier, agent d'information, conseiller en douanes et immigration, etc. Vous pouvez le joindre de jour et de nuit.

106 Les repas à bord sont servis selon deux horaires ; à vous de préciser celui qui vous intéresse au moment de votre réservation.

107 Pour un horaire plus souple, vous pouvez profiter des services de restauration offerts sur les ponts lors du petit déjeuner et du déjeuner.

108 Par ailleurs, la plupart des bateaux de croisière offrent un service aux chambres.

109 Il faut savoir que les pourboires ne sont pas inclus dans le prix de votre croisière ; il est de mise de remercier le personnel de bord en laissant un pourboire quotidien de 3,50 $USD au serveur (et de 2 $USD à son assistant) de la salle à manger et de 3,50 $USD à la femme de chambre.

110 Chaque bateau possède un centre médical à bord où officient un médecin et au moins une infirmière. Toutefois, ce service n'est pas gratuit : vous devez donc vous munir d'une assurance-maladie avant votre départ ou prévoir payer en argent comptant ou par chèque de voyage. Par contre, les comprimés contre le mal de mer sont généralement gratuits à bord.

111 À bord, il est permis de fumer dans les zones réservées à cet effet.

112 La plupart des paquebots ont un ou des casinos offrant une gamme de jeux de hasard populaires. Le casino est interdit aux moins de 21 ans.

113 Si vous voulez faire des excursions, vous devez en faire la demande dès votre embarquement. Toutefois, en Europe et en Australie, les excursions à terre ne sont pas organisées avant votre départ. Le nombre de places est limité ; donc, ré-servez tôt.

114 Vous pouvez aussi débarquer et visiter le lieu de mouillage à votre gré, sans excursion. Le personnel de bord pourra vous fournir des informations sur la destination touristique en question.

115 N'oubliez pas qu'en croisière, on ne s'habille pas comme à la maison. Prévoyez trois types de vêtements : des tenues tout-aller pour les activités à bord, des tenues sport confortables pour les excursions et le magasinage dans les îles ainsi que des tenues plus habillées pour les soirées.

116 Pour les soirées plus officielles (les cocktails, les dîners de bienvenue et d'adieu du capitaine), le smoking et la robe de soirée, sans être obligatoires, sont souhaitables.

Voyager au féminin

C'est une lapalissade que d'affirmer qu'une femme qui voyage seule (ou avec une amie) doit se montrer plus prudente qu'un homme. Dans de nombreux pays, elle sera une proie : certains en voudront à son argent mais d'autres s'en prendront à elle physiquement.

117 La femme qui voyage seule doit faire attention à sa tenue vestimentaire : dans certains endroits, se promener seule en short, bras nus, est carrément provocant et peut donner à penser qu'elle cherche systématiquement un partenaire sexuel.

118 Évitez d'offrir, sans discernement, votre plus beau sourire aux hommes ou de discuter trop librement avec eux, cela pouvant vous entraîner tout droit à la catastrophe.

119 Dans de nombreux pays, la femme n'est que quantité négligeable ; avant de partir, renseignez-vous adéquatement sur les us, coutumes, règles et lois qui concernent les femmes du pays visité.

120 Une bonne source de renseignements, ce sont, bien sûr, les gens natifs du pays où vous vous dirigez. Il existe de nombreuses associations culturelles qui se feront un plaisir de vous expliquer les règles qui prévalent dans leur contrée d'origine.

121 Si vous fréquentez le Web, inscrivez-vous dans des forums de voyage pour obtenir les impressions d'autres voyageuses.

122 Tentez d'apprendre quelques mots clés de la langue du pays que vous comptez visiter ; cela facilite grandement le contact avec la population locale.

123 Apprenez à vous défendre ; il existe des cours d'auto-défense pour femmes qui vous procureront l'assurance nécessaire pour repousser d'éventuels agresseurs.

124 Dans le pays visité, surtout s'il s'agit d'un pays en voie de développement, n'oubliez pas de vous munir d'une lampe de poche car les pannes de courant y sont fréquentes et vous pourriez vous retrouver bien démunie, seule dans le noir.

125 N'acceptez jamais de nourriture ou une boisson offerte par un inconnu car on pourrait tenter de vous droguer. Le GHB (gamma-hydroxybutyrate, ou drogue du viol), vous en avez entendu parler ? Sachez que ce n'est pas une légende urbaine. Ce produit existe vraiment et est employé partout dans le monde. C'est un anesthésiant qui a pour effet de vous faire perdre tant votre connaissance que votre mémoire. De nombreuses jeunes femmes ont été violées pendant qu'elles étaient sous l'emprise de ce produit.

126 Évitez de faire du tourisme seule dans les lieux isolés, même si vous êtes dans un pays occidental.

127 Vous avez loué une automobile pour vous déplacer ? Sage décision ; vous ne serez pas obligée de faire de l'auto-stop. Mais avez-vous pensé à vous munir d'un téléphone cellulaire pour appeler au secours en cas de panne ou d'accident?

128 Apprenez le numéro des secours par cœur, peu importe le pays où vous vous trouvez; vous n'aurez pas à le demander. Et ne prenez jamais d'auto-stoppeurs.

129 Si un véhicule percute votre voiture, ne sortez pas; attendez l'arrivée de la police. De nombreuses personnes ont été attaquées lors de ces accidents volontaires. Au mieux, elles se sont fait voler leur argent; au pire, on s'en est pris physiquement à elles.

130 On a vu que la tenue vestimentaire est importante. Elle l'est plus encore si vous voyagez seule ou avec une amie. Par exemple, dans les pays du Moyen-Orient, prenez la précaution de couvrir votre tête: un foulard, une casquette, un chapeau est parfois suffisant pour s'éviter bien des désagréments.

131 Choisissez des vêtements amples, peu colorés donc peu voyants; évitez les tenues osées, les dos nus ou les nombrils à l'air.

132 Dans certaines régions du monde, si vous voulez fréquenter un restaurant, une discothèque, un cinéma, mieux vaut ne pas le faire seule après la tombée de la nuit. Essayez de vous faire accompagner.

133 Pour sortir le soir, prévoyez un taxi qui viendra vous chercher et vous ramènera à votre hôtel, ou encore inscrivez-vous à des sorties en groupe (avec d'autres touristes de l'hôtel).

134 Que vous choisissiez de demeurer à l'hôtel ou dans un gîte touristique, demandez toujours à visiter la chambre avant de la réserver. Est-elle propre? Vérifiez si la serrure fonctionne bien. Vous sentez-vous en sécurité ? Fiez-vous à votre intuition.

135 Si le réceptionniste prononce votre nom et votre numéro de chambre à haute voix en vous l'attribuant, refusez-la. Les murs ont des oreilles et une personne mal intentionnée pourrait essayer d'avoir accès à votre chambre ou de vous harceler par téléphone.

136 Évitez les chambres du rez-de-chaussée ou auxquelles on peut accéder facilement de l'extérieur (en passant par un balcon ou par une sortie de secours, par exemple). Il vaut mieux prendre une chambre à proximité d'un ascenseur. Évitez qu'elle soit près des escaliers de secours où d'éventuels agresseurs pourraient se cacher.

137 N'ouvrez votre porte à personne sans vous assurer de son identité. S'il s'agit d'un membre du personnel, vérifiez auprès de la réception avant de le laisser entrer.

138 Un petit détecteur de fumée portatif et un verrou qui s'installe facilement sont parfois recommandés, surtout si vous voyagez dans des pays où les normes de sécurité sont assez élastiques.

139 Sur place, établissez rapidement des contacts avec d'autres femmes, voyageuses comme vous ou résidantes du pays ; elles pourront vous aider en cas de besoin.

140 Dans certains pays, les trains et les autobus bondés peuvent être un endroit propice aux attouchements ; des hommes en profitent pour toucher ou pincer les fesses des femmes. Si cela vous arrive, faites une scène ; montrez l'homme du doigt et protestez à haute voix. Il devrait décamper.

141 Restez continuellement en contact avec une personne de votre entourage, surtout si vous voyagez seule. Par télécopieur, par courrier électronique ou par téléphone, faites connaître votre localisation et votre prochaine destination.

142 Si vous quittez votre hôtel pour la journée, prévenez quelqu'un de l'endroit que vous allez visiter. Vous pouvez aussi laisser une note à la réception (ou dans votre chambre) qui indique votre emploi du temps prévu pour la journée; cela facilitera les recherches si on vous croit en danger.

143 Gardez une carte de visite de votre hôtel ou de votre gîte touristique sur vous. Si vous vous égarez, demandez à une autre femme de vous remettre sur le bon chemin. Si vous ne parlez pas la langue du pays, montrez-lui l'adresse.

144 Si vous voyagez pour affaires, veillez à respecter le protocole des milieux où vous serez présentée.

145 Apprenez quelques mots de politesse pour saluer les gens d'affaires; ce sera fort apprécié.

146 Fixez vos rendez-vous d'affaires dans le hall de votre hôtel ou au restaurant de l'hôtel, jamais dans votre chambre.

147 Si vous devez vous rendre dans un pays où les femmes n'exercent pas votre type d'activité, une carte de visite donnant le nom du poste que vous occupez (en anglais, en français et dans la langue du pays) évitera bien des malentendus.

148 Adoptez une tenue vestimentaire appropriée. Si les femmes du pays ne portent pas de pantalons au travail, n'en mettez pas non plus. Portez des chaussures pratiques et confortables plutôt que des échasses qui vont rendront la vie difficile si vous devez rester debout longtemps ou vous déplacer rapidement.

149 Si des hommes d'affaires vous font des propositions plus intimes, ne vous en offusquez pas outre mesure; cela peut être acceptable dans leurs pays. Refusez poliment mais clairement.

Voyager enceinte

150 Vous êtes enceinte depuis peu ? Demandez à passer un premier examen prénatal avant votre départ.

151 Certaines compagnies aériennes ont des règles précises pour accepter les femmes enceintes à bord ; renseignez-vous avant de réserver.

152 En général, une femme enceinte peut voyager jusqu'à la 35e semaine de grossesse, pourvu qu'elle soit en bonne santé et n'ait pas d'antécédents de naissance prématurée.

153 Certaines compagnies aériennes pourraient exiger une attestation médicale précisant le stade de votre grossesse.

154 Vérifiez votre police d'assurance voyage pour être certaine d'être bien protégée contre toutes les éventualités. Rares sont les polices d'assurance qui couvrent les frais relatifs aux soins offerts aux enfants nés avant terme.

155 Prenez garde aussi aux vaccins que vous pourriez être obligée de recevoir. Certains sont déconseillés pendant la grossesse ; précisez votre état au moment de la vaccination.

156 Si vous voyagez en voiture, en autocar, etc., prévoyez des pauses pour vous reposer. Votre corps est occupé à nourrir un bébé et l'effort accru, lié au voyage, le sollicite davantage.

157 Attention aux risques de constipation ; les aliments riches en fibres, les fruits et les légumes vous seront d'un précieux secours. Prenez garde toutefois à la façon dont ils ont été lavés.

158 Il n'est pas toujours facile de trouver du lait pasteurisé ; vous pouvez donc emporter du lait en poudre de manière à vous assurer un bon apport en calcium.

159 Vous craignez la nausée ? Essayez les morceaux de gingembre confit ou de la racine de gingembre frais que vous râperez pour l'incorporer en petite quantité aux aliments.

160 Les régions touchées par le paludisme sont à éviter dans votre cas car vous pourriez contracter cette maladie, même avec des antipaludiques.

161 Les destinations en altitude ne sont pas recommandées pour le fœtus qui pourrait manquer d'oxygène, notamment si vous en êtes au premier trimestre de votre grossesse. Évitez le Machu Picchu.

162 Pour purifier l'eau, on suggère aux voyageurs de se munir de comprimés d'iode, mais les femmes enceintes ne doivent pas utiliser d'iode, car cela pourrait dérégler la glande thyroïde du fœtus.

Voyager avec des enfants[2]

163 Avant même de réserver, contactez les ambassades ou consulats des pays où vous séjournerez avec l'enfant pour connaître les conditions d'entrée dans chacun d'eux.

---

2. À titre indicatif seulement, renseignez-vous auprès de votre compagnie aérienne, car ces renseignements peuvent changer d'une société à une autre, sans préavis.

164 N'oubliez pas que chaque enfant canadien qui voyage à l'étranger, seul ou accompagné d'un adulte, doit avoir son propre passeport valide.

165 Dans certains pays, on pourrait aussi demander de présenter pour l'enfant: son certificat de naissance avec les noms des parents, les documents juridiques ayant trait à la garde, une lettre de consentement parentale si l'enfant voyage avec un seul de ses parents, signée et datée par l'autre parent, et si l'enfant voyage sans ses parents, une lettre de consentement qui autorise le voyage, signée et datée par les deux parents, le certificat de décès si l'un des parents est décédé (ces documents doivent être notariés, de préférence).

166 Un bébé peut voyager dès qu'il a sept jours sur certaines compagnies aériennes, mais renseignez-vous avant de vous présenter avec lui à l'aéroport.

167 Un bébé de moins de 2 ans peut voyager sur les genoux d'un passager adulte payant, généralement sans frais pour les vols intérieurs ou à tarif réduit pour les vols internationaux.

168 Certaines compagnies aériennes transportent sans frais les articles pour bébé dans la soute à bagages: siège d'auto, couffin et poussette.

169 Un bébé occupant une place dans l'avion peut être assis dans un siège d'auto orienté vers l'arrière (si le bébé fait moins de 9 kg) ou vers l'avant (si le bébé fait plus de 9 kg mais moins de 18 kg), du moment que les sangles de sécurité sont bien calées entre les appui-bras du fauteuil. Les sièges d'appoint ne sont pas acceptés.

170 À bord, des repas pour bébé peuvent être demandés: on y trouve des fruits, des légumes, de la viande et des desserts en purée. Les parents doivent préciser qu'ils veulent un repas pour bébé à la compagnie aérienne au minimum 48 heures avant le voyage.

171 Dans l'avion, prévoyez pour le bébé un biberon ou une suce (tétine) pour le décollage et l'atterrissage ; cela aidera à équilibrer la pression dans ses oreilles et il y aura moins de risques que cela lui fasse mal.

172 À bord, les enfants reçoivent souvent divers objets pour s'amuser, surtout lorsque le vol dure plus de quatre heures, mais les parents doivent aussi prévoir des petits jouets, des livres et des jeux pour divertir l'enfant.

173 Il est de plus en plus fréquent que des enfants non accompagnés, âgés de 5 à 11 ans, voyagent en avion et soient placés sous la garde d'agents de la compagnie aérienne. Il faut le préciser au moment de la réservation du vol. Certains frais peuvent s'appliquer.

174 Tous les enfants sont accompagnés et surveillés par le personnel de la compagnie aérienne, et si une correspondance est nécessaire, le personnel au sol veille à ce que le petit voyageur prenne place à bord du vol en toute sécurité.

175 Si l'enfant a entre 12 et 17 ans et voyage seul, il a lui aussi droit à une attention particulière, notamment en cas de retard du vol ou d'annulation.

176 Dans la plupart des compagnies aériennes, il est possible de présélectionner son siège dès la réservation ; cela peut être une bonne chose si l'enfant préfère s'asseoir près du hublot. Certaines places sont également réservées aux enfants non accompagnés.

177 Les enfants qui voyagent seuls embarquent en priorité dans l'avion ; cela leur permet de bien s'installer et de discuter avec les agents de bord pour atténuer leurs angoisses.

178 Avant le voyage, il est important de préparer l'enfant à voyager seul et de s'assurer qu'il est bien reposé.

179 Revérifiez son bagage à main : a-t-il ses jouets préférés, quelques gourmandises à grignoter ? Une bande dessinée ou un livre, son baladeur avec ses CD, etc.

En voiture avec des enfants

180 Les enfants de moins de 12 ans doivent être bien attachés sur la banquette arrière de la voiture.

181 Pour éviter que l'enfant trouve le déplacement long et ennuyeux, vous pouvez prévoir des jeux pour la route.

182 Les pauses pendant le voyage sont toujours agréables. Les petits ont besoin de se dégourdir les jambes ; il vaut mieux les laisser jouer un peu dans les terrains de jeu des aires de repos, s'il y en a.

183 La fameuse question « Quand est-ce qu'on arrive ? » mérite une réponse claire plutôt que le sempiternel bientôt. Des réponses plus concrètes, par exemple « Quand on verra telle station service ou tel édifice, tel panneau sur la route, alors on sera bientôt au chalet », seront mieux acceptées.

184 Faites participer l'enfant au déroulement du voyage. Par exemple, on peut lui demander de trouver, sur une carte routière, la prochaine ville étape ou de signaler tous les beaux châteaux croisés sur votre route, etc.

185 Les jeux consistant à rechercher tel type de véhicule ou telle lettre dans les plaques d'immatriculation des autres véhicules peuvent mettre un peu de piquant dans le voyage pendant quelque temps, mais variez les activités car s'adonner à ce type de jeux pendant trois heures devient vite lassant.

186 Le confort de l'enfant, sur la banquette arrière, peut aussi vous assurer un voyage sans pleurs ni récriminations. Vérifiez s'il n'a pas trop chaud, trop froid, le soleil dans les yeux, un vêtement qui le serre trop, etc.

187 Attention : les boucles de métal des ceintures de sécurité peuvent devenir glaciales en hiver et brûlantes en été. Veillez à ce qu'elles ne touchent pas la peau de l'enfant.

188 Si le petit voyageur souffre du mal des transports, voyez les dispositions à prendre avec votre médecin.

189 N'installez jamais un porte-bébé orienté vers l'arrière à proximité d'un sac gonflable qui pourrait se déclencher.

190 N'oubliez jamais que vous allez voyager au rythme de votre enfant, et non au vôtre, que vous soyez en avion, en train ou en voiture.

Recommandations diverses

191 Si vous allaitez, voyez si les femmes du pays le font en public ou si, au contraire, elles choisissent d'être à l'écart. Respectez les coutumes du pays et, en cas de doute, retirez-vous dans un endroit isolé pour allaiter.

192 Ne laissez jamais un enfant sans surveillance. Veillez à ce qu'il porte sur lui un document établissant son identité, la vôtre et l'endroit où l'on peut vous trouver (hôtel, parents, amis, gîte, etc.) si jamais vous étiez accidentellement séparés.

193 Emportez avec vous plusieurs photographies récentes de l'enfant que vous pourrez remettre à la police si l'enfant se perd, fugue ou est enlevé.

194 Faites comprendre à l'enfant qu'il ne doit ouvrir la porte de votre chambre d'hôtel à qui que ce soit, que vous soyez dans la chambre ou non, ou occupé dans la salle de bain.

195 Gardez en tout temps l'enfant à vos côtés, dans l'ascenseur, les transports en commun, les musées, etc. Si les portes se referment trop vite, il risque de se trouver bien seul.

Voyager seul

196 Pour les adeptes de voyages en solitaire, la liberté de voyager à son rythme, de changer d'itinéraire sur une inspiration, bref de faire ce que l'on veut, n'a pas de prix.

197 Si vous choisissez de partir seul, n'oubliez pas votre baladeur, vos disques compacts, quelques bons bouquins pour meubler les moments de solitude, souvent les longues soirées dans les chambres d'hôtel.

198 Partir seul n'est pas recommandé à tout le monde. Les femmes seules sont souvent des proies ou sont mal vues dans certains pays.

199 Les débutants du voyage en solo peuvent commettre des erreurs, l'une d'elles étant de ne rechercher la compagnie que des gens qui parlent leur langue (français ou anglais), limitant ainsi les possibilités de rencontres.

200 Il ne faut pas non plus oublier que voyager seul coûte plus cher. Par exemple, le prix des chambres d'hôtel est toujours fixé en occupation double. Vous pourriez avoir à débourser davantage pour être seul et aussi vous retrouver dans la pire chambre de l'établissement ou à la table la plus mal placée du restaurant.

201 Une façon de réduire les coûts d'hébergement est d'avertir la réception que vous seriez prêt à partager une chambre avec un autre voyageur solitaire... Ça fonctionne assez bien.

202 Et n'oubliez pas que voyager seul veut dire voyager le plus léger possible, car vous serez vraiment seul à porter tous les bagages.

Le monde gai

203 Les minorités sexuelles – lesbienne, gai ou transgenre – sont opprimées dans un grand nombre de pays. Saviez-vous que 80 pays sur 200 considèrent l'homosexualité comme un acte répréhensible et qu'une dizaine d'entre eux la sanctionnent par la peine de mort...?

204 De nombreuses destinations sont dangereuses pour n'importe quel touriste ; donc, voyager quand on est gai ou lesbienne ne demande pas de prendre des précautions particulières. Mais il vaut quand même mieux se tenir au courant des législations en vigueur dans le pays que l'on compte visiter et du degré de tolérance qui y prévaut.

205 Même dans les villes ouvertes aux gais, les voyageurs homosexuels doivent garder à l'esprit qu'ils ne sont pas à l'abri des mauvaises rencontres et de réactions homophobes.

206 Un touriste étranger n'est pas considéré ni traité de la même façon qu'un ressortissant national. Veillez donc à ne pas faire courir de risques inutiles aux gens avec lesquels vous sympathiseriez. Faites également attention à l'âge légal de consentement qui n'est pas le même partout.

207 Par exemple, à Cuba, l'homosexualité est passible de lourdes peines. En tant que touriste gay, vous ne risquez pas grand-chose mais, pour les Cubains qui vous fréquenteront, ce ne sera pas forcément la même chose; donc, soyez discret.

208 En Europe, c'est dans les pays scandinaves et les Pays-Bas que vous serez le moins sujet à l'homophobie. Par contre, au Liechtenstein, en Albanie, en Bosnie, en Turquie, en Tchétchénie, les homosexuels sont sujets à des violences policières et peuvent même être punis de mort (là où sévit la charia musulmane).

209 Pour le Canada et le Québec, aucun problème particulier à signaler.

210 Aux États-Unis, ce n'est pas aussi clair. Quelques États sont assez ouverts comme les États de la Côte Est et la Californie, mais d'autres comme la Caroline du Nord et du Sud, la Floride, l'Alabama, le Mississippi, la Louisiane, l'Arizona, l'Idaho, le Michigan, le Minnesota, le Texas, l'Oklahoma, l'Arkansas, le Missouri et le Kansas condamnent la sodomie.

211 En plus de Cuba, le Nicaragua et la Guyana répriment l'homosexualité. Les grandes villes comme Mexico, Buenos Aires, Rio, Brasilia ont des lois interdisant la discrimination à l'égard des minorités sexuelles. Attention! En Argentine, c'est la police qui fait la chasse aux homosexuels, notamment dans les bars; tandis qu'au Brésil, des milices se sont organisées pour traquer les «homos».

212 La loi islamique, la charia, est appliquée dans beaucoup de pays du Moyen-Orient et les condamnations pour homosexualité vont de la flagellation à de lourdes peines de prison. L'Iran et l'Arabie Saoudite appliquent actuellement la charia à l'encontre des homosexuels, selon Amnisty International.

213 En Israël, la tolérance s'exerce à Tel Aviv mais beaucoup moins à Jérusalem.

214 En Afrique, certains États appliquent la charia, notamment le Soudan et la Mauritanie. L'homosexualité affichée est considérée comme un affront aux bonnes mœurs en Égypte et certains Égyptiens ont été emprisonnés récemment à cet effet.

215 L'Afrique du Sud est, depuis 1995, le premier pays au monde à avoir inscrit, dans sa constitution, la protection des minorités sexuelles.

216 On n'obtient guère de renseignements sur la Chine mais n'oubliez pas que tout mouvement dissident est violemment réprimé. Le Japon, les Philippines, la Thaïlande tolèrent l'homosexualité du moment qu'elle n'est pas ouvertement affichée.

217 L'Inde a beaucoup de préjugés religieux; toutefois, les villes comme Bombay ou des lieux de villégiature comme Goa affichent une certaine tolérance.

218 Aucun problème en Australie ni en Nouvelle-Zélande.

219 Avant de partir, renseignez-vous; il y a de plus en plus d'agences spécialisées dans les voyages pour les gais et lesbiennes et des agences comme Nouvelles Frontières ou TravelPrice sont au courant de formules *gay and lesbian friendly*.

220 Vous trouverez aussi des renseignements dans les guides touristiques.

Quelques villes ouvertes aux gais

Amsterdam, Barcelone, Berlin, Londres, Montréal, New York, Paris, Prague, San Francisco, Sydney, Tel Aviv, Tokyo.

Quelques plages ouvertes aux gais

Capri (Italie), Fire Island (États-Unis), Ibiza (Espagne), Key West (États-Unis), Lesbos (Grèce), Martinique, Mykonos (Grèce), Pattaya (Thaïlande), Phuket (Thaïlande), Saint-Tropez (France), Sitges (Espagne), Tanger (Maroc), Waikiki (Hawaï).

221 Le drapeau arc-en-ciel vous renseignera bien évidemment sur les bars, commerces, hôtels et restaurants *gay friendly*.

222 Certains pays interdisent l'accès de leur territoire aux personnes séropositives tandis que d'autres ordonnent qu'une personne porteuse du VIH le déclare lors de son entrée sur leur territoire. Renseignez-vous avant d'acheter votre billet d'avion.

Les aînés
ont la bougeotte

Vous voici à la retraite et vous rêvez de plage de sable blanc, d'une croisière en paquebot de luxe, d'un paradis tropical qui vous ferait oublier les rigueurs de l'hiver; quelques précautions s'imposent pour profiter pleinement de vos escapades.

223 N'oubliez pas d'obtenir un bilan médical complet qui vous permettra de déceler un problème qui pourrait se révéler dangereux pour votre santé, à l'étranger.

224 Vérifiez si vous avez bien reçu tous les vaccins appropriés selon la destination de votre choix.

225 Demandez à votre médecin de vous fournir une ordonnance pour obtenir suffisamment de vos médicaments habituels pour la durée de votre voyage.

226 Veillez à ne pas garder vos médicaments dans un seul flacon; séparez-les en deux portions que vous garderez dans deux bagages différents. Si l'une se perd ou est volée, il vous restera au moins une portion de vos médicaments pour quelques jours.

227 Vérifiez la possibilité de vous procurer facilement vos médicaments dans le pays de votre destination ou demandez à votre médecin si vous pouvez le contacter de l'étranger en cas de besoin.

228 Personne ne devrait voyager sans assurance-maladie de voyage privée pour prendre en charge tous les coûts non couverts par un régime d'assurance-maladie public, encore moins les aînés. N'oubliez pas que des frais d'hospitalisation, à l'étranger, peuvent vous faire perdre votre chemise.

229 Voici quelques maladies ou problèmes de santé contre lesquels vous devriez vous prémunir ou, à tout le moins, par rapport auxquels prendre vos précautions : la grippe, la diarrhée (tourista), le mal des transports, les MTS (maladies transmises sexuellement), la malaria (paludisme), entre autres.

230 Pour préparer votre voyage, vous pouvez bien entendu consulter les guides de voyage pour personne du troisième âge et les dépliants offerts par les grossistes.

231 Demandez à votre agent de voyages de vous parler des rabais offerts pour les plus de 60 ans, des voyages d'études et des voyages en groupe.

232 Vous pouvez, par exemple, trouver des suggestions de voyages organisés partout dans le monde à cette adresse : http://www.elderhostel.org (en anglais seulement), que ce soit pour découvrir la culture d'un pays, son histoire ou sa faune et sa flore.

233 Si vous envisagez de marcher beaucoup pendant votre voyage, n'attendez pas la veille du départ pour vous délier les muscles. Il vaut mieux entreprendre un programme de remise en forme plusieurs mois avant de partir.

234 De la même façon, si vous comptez transporter un sac à dos lors de vos randonnées, faites quelques promenades autour de chez vous en le remplissant des objets que vous voudrez y mettre lorsque vous serez en voyage. Cela vous permettra de vous habituer à son poids et, éventuellement, d'en retirer certains articles trop lourds. Une bonne façon de faire consiste à commencer avec un sac très léger, puis à le remplir graduellement jusqu'au poids désiré, au gré de vos randonnées.

235 Madame, si vous souffrez de bouffées de chaleur dues à la ménopause, songez à emporter des vêtements qui vous permettront de vous vêtir en pelures d'oignon, c'est-à-dire que vous pourrez enfiler ou retirer facilement selon la température de votre corps.

236 N'oubliez pas vos lunettes et songez même à emporter une loupe pour déchiffrer les petits caractères sur les cartes routières.

237 Que vous voyagiez en avion, en train, en voiture, en autocar ou sur un bateau, pensez à boire de l'eau souvent pour éviter la déshydratation.

Voyager
avec un handicap

Se déplacer lorsqu'on est handicapé n'est pas évident, encore moins lorsqu'on veut voyager à l'étranger. Pourtant, de plus en plus de personnes à mobilité réduite voyagent aux quatre coins de la planète en prenant quelques précautions d'usage. Voici quelques petits trucs qui pourraient vous être bien utiles.

238 Lors de l'enregistrement des bagages, demandez à être placé, dans l'avion, près d'un hublot pour être tranquille. Ne demandez pas un siège près des sorties de secours car on vous déplacera sûrement.

239 Si vous devez utiliser un matériel spécial pour uriner, évitez de boire plusieurs heures avant le départ; cela vous évitera de l'employer dans l'avion.

240 Afin de mieux contrôler le besoin d'aller à la selle, certains voyageurs handicapés recommandent d'utiliser, avant le départ, un médicament légèrement constipant. Consultez votre médecin sur la pertinence d'utiliser ce type de médicament.

241 À l'aéroport, même si votre fauteuil roulant est démontable, ne le dites pas. Cela évitera qu'on vous le mette en morceaux et que des pièces soient égarées.

242 Gardez le coussin de votre fauteuil roulant avec vous dans l'avion. D'une part, les sièges sont bien inconfortables et vous l'apprécierez et, d'autre part, vous ne risquerez pas de le perdre dans la soute à bagages.

243 Si vous avez un handicap auditif, il est bon de faire confirmer votre réservation d'avion ou de train par écrit, de manière à vérifier que les informations sont bien exactes.

244 Avertissez les employés de la compagnie aérienne ou de chemin de fer de votre handicap; ils pourront ainsi vous guider dans les dédales de l'aéroport ou de la gare puisque vous ne pourrez entendre les annonces d'embarquement faites par haut-parleurs.

245 En vol, les handicapés auditifs doivent débrancher leurs prothèses avant la mise en route des réacteurs.

246 Dans les hôtels, demandez à bénéficier des systèmes d'alerte visuelle, par exemple pour savoir si le téléphone sonne, si quelqu'un frappe à la porte, s'il y a une alerte incendie. Renseignez-vous sur la disponibilité de ces services au moment de votre réservation de chambre; ils sont généralement gratuits.

247 Si vous voyagez à l'étranger et notamment dans des pays où vous risquez de ne pas avoir accès à certains services, comme les systèmes d'alerte visuelle, il vaudrait mieux que vous vous en procuriez un avant votre départ. Il existe des systèmes d'alerte visuelle portatifs qui émettent une lumière clignotante quand sonne le téléphone ou l'alarme d'incendie. Ces appareils peuvent être facilement installés dans votre chambre.

248 Tout automobiliste handicapé et citoyen d'un pays membre de la Conférence européenne des ministres des Transports (y compris le Canada) qui possède un permis de stationnement valide peut voyager dans n'importe lequel de ces pays et utiliser son propre permis pour obtenir les mêmes avantages de stationnement que les citoyens handicapés de ces pays.

249 La seule exigence consiste à afficher son permis sur lequel apparaît le pictogramme universel (fauteuil roulant). Les pays membres sont les suivants: Allemagne, Autriche, Belgique, Canada, Danemark, Espagne, Estonie, Finlande, France, Grèce, Hongrie, Irlande, Islande, Italie, Lettonie, Lituanie, Luxembourg, Norvège, Pays-Bas, Pologne, Portugal, République tchèque, Royaume-Uni, Suède et Suisse.

250 Les voyageurs québécois peuvent se procurer, auprès de l'organisme Kéroul, un guide qui répertorie plus de 1 800 établissements, évalués pour leur accessibilité et ayant reçu l'agrément de Tourisme Québec.

Accompagnement gratuit

Dans certains pays européens, entre autres, une personne handicapée (notamment handicapée visuelle) peut voyager sur certaines lignes de chemin de fer avec un accompagnateur qui bénéficiera d'un aller-retour gratuit. Renseignez-vous auprès des offices de tourisme des pays suivants avant de partir :

Allemagne
Autriche
Belgique
Bulgarie
Canada
Croatie
France
Grande-Bretagne
Grèce
Hongrie
Irlande

Italie
Luxembourg
Pays-Bas
Pologne
Portugal
République tchèque
Roumanie
Serbie-Monténégro
Slovaquie
Slovénie
Suisse

Pour bénéficier de ce service, la personne handicapée doit présenter un certificat médical attestant qu'elle ne peut voyager seule.

Au Canada, ViaRail offre un service presque identique aux personnes âgées qui peuvent se faire accompagner gratuitement, ou à taux réduit, par un parent ou un ami.

Voyager avec des animaux de compagnie

251 Avant de partir, un petit tour chez le vétérinaire pour un bilan de santé s'impose. Que ce soit pour se rendre de l'autre côté de la planète ou dans une région voisine, mieux vaut s'assurer que M. Chien ou Mme Minette est en bonne santé.

252 Si vous partez à l'étranger, gardez avec vous le dossier médical de votre compagnon, y compris ses certificats de vaccination.

253 Renseignez-vous auprès de l'ambassade ou du consulat du pays visité car certaines restrictions peuvent s'imposer. Ainsi, tous les pays exigent une vaccination contre la rage.

254 Attention, certains pays peuvent avoir des périodes de quarantaine; donc, évaluez bien la pertinence d'emmener votre animal en voyage.

255 Assurez-vous d'avoir suffisamment de médicaments ou de nourriture pour votre animal, surtout s'il est sous médication ou qu'il nécessite un régime alimentaire particulier.

256 Tous les établissements hôteliers, gîtes du passant, etc., n'acceptent pas forcément les animaux de compagnie. Certains accepteront les chats mais pas les chiens, d'autres les petits chiens mais pas les gros; assurez-vous donc de bien préciser que vous avez un animal lors de la réservation de votre hébergement.

257 Beaucoup de pays exigent, dorénavant, que l'animal de compagnie soit micropucé ou tatoué pour lui permettre l'accès à leur territoire; renseignez-vous sur ce sujet.

258 La base de données des micropucés aux États-Unis diffère de celle du Canada. Si vous voyagez d'un pays à l'autre, assurez-vous que votre animal est bien inscrit des deux côtés de la frontière.

En voiture, Arthur!

259 Votre animal a-t-il l'habitude de faire de la voiture? Non? Voyez-y plusieurs semaines avant d'entreprendre le voyage en l'emmenant en automobile pour de courts trajets, question de l'habituer à ce moyen de transport.

260 Attachez toujours votre animal sur la banquette arrière du véhicule. Il peut être dans une cage, une boîte ou assis sur la banquette arrière avec un harnais qui s'enfile dans la ceinture de sécurité. Un animal qui saute partout dans la voiture met en péril sa sécurité et aussi la vôtre.

261 Si vous optez pour la boîte ou la cage, veillez à ce que votre animal y soit habitué avant de partir en voyage. Assurez-vous également qu'il puisse y bouger à l'aise, et notamment s'y retourner.

262 Arrêtez fréquemment en cours de route pour permettre à votre animal de boire, de manger et de faire ses besoins. Une litière jetable pour les chats est recommandée.

263 Évitez de voyager en voiture avec votre animal lors d'orages violents; ce n'est pas un stress agréable pour lui.

264 Attention à la chaleur! Ne laissez pas votre animal sans surveillance dans une voiture stationnée. L'auto que vous avez placée à l'ombre deux heures plus tôt peut se retrouver en plein soleil en un clin d'œil et votre animal pourrait mourir suffoqué.

Dans l'avion, Gaston!

265 Les compagnies aériennes ont des normes et des directives particulières pour le transport des animaux de compagnie; renseignez-vous suffisamment longtemps avant le voyage prévu.

266 Essayez de réserver un vol direct pour vous rendre à destination; cela évite les bagages perdus... et les cages d'animaux égarées.

267 Voyez votre vétérinaire pour les conditions particulières du voyage; votre animal peut-il prendre un léger sédatif ou non?

268 Si votre animal a reçu l'autorisation de voyager en cabine avec vous, sa cage doit être spacieuse pour qu'il puisse se sentir à l'aise mais pas trop pour ennuyer les autres passagers. Les compagnies aériennes vous indiqueront les dimensions acceptables.

269 En avion, ne sortez jamais votre animal de sa cage; il pourrait prendre peur et s'enfuir ou d'autres passagers pourraient avoir peur de lui.

270 Prévenez la personne assise à côté de vous que vous avez un animal car elle pourrait y être allergique; dans ce cas, elle demandera un changement de place ou vous le ferez vous-même.

271 Si l'animal voyage dans la soute à bagages, prévoyez du papier journal ou une autre matière absorbante pour le fond de la cage en cas de soudaines et irrésistibles envies.

272 Dans la soute, la cage de l'animal ne doit pas être verrouillée. Le personnel de la compagnie aérienne devrait y avoir accès en cas d'urgence, notamment lors d'une escale, avant le décollage ou à l'atterrissage.

273 Généralement, on demande de ne pas laisser de nourriture ou d'eau dans la cage mais renseignez-vous, il est parfois possible de placer un plat d'eau congelée qui fournira un peu de liquide à votre compagnon durant tout le périple.

274 Lors d'un très long voyage, des directives concernant l'alimentation de votre animal doivent être clairement indiquées sur la cage. Vous aurez aussi à fournir de la nourriture sèche.

275 N'oubliez pas de bien identifier la cage de votre animal (avec son nom, le vôtre, la destination et les coordonnées pour vous joindre).

276 Généralement, les animaux familiers sont les bienvenus à bord de certains navires tandis que les autobus et autocars n'acceptent bien souvent que les chiens-guides. Renseignez-vous toujours avant de partir.

En route vers l'Angleterre

277 Afin de faciliter le voyage des animaux en Grande-Bretagne, plusieurs pays ont créé le Programme de voyage des animaux de compagnie (PVAC), appelé en anglais Pet Travel Scheme.

Certains itinéraires autorisés par avion

- Départ : Amsterdam (Pays-Bas)
  Destination : Londres Heathrow (Grande-Bretagne) par British Midland Airways
- Départ : Palma de Majorque (Baléares-Espagne)
  Destination : Londres Heathrow (Grande-Bretagne) par British Midland Airways
- Départ : Paris (France)
  Destination : Londres Heathrow (Grande-Bretagne) British Midland Airways
- Départ : Francfort (Allemagne)
  Destination : Londres Heathrow (Grande-Bretagne) par Lufthansa
- Départ : Toronto (Canada)
  Destination : Londres Heathrow (Grande-Bretagne) par Air Canada
- Départ : Montréal (Canada)
  Destination : Londres Heathrow (Grande-Bretagne) par Air Canada
- Départ : Minneapolis (États-Unis)
  Destination : Londres Gatwick (Grande-Bretagne) par Northwest Airlines

Il s'agit ici d'exemples d'itinéraires ; il y en a beaucoup d'autres qui sont autorisés.

Pays participant au PVAC
(à destination de G.-B. seulement)

Allemagne
Andorre
Antigua et
  Barbuda
Australie
Autriche
Barbade
Belgique
Bermudes
Canada
Chypre
Danemark
Espagne (îles
  Canaries
  incluses)
Finlande
France (Corse,
  Guadeloupe,
  Martinique,
  la Réunion,
  Wallis-et-
  Futuna,

Mayotte,
Polynésie
  française
  inclus)
Gibraltar
Grèce
Hawaï
Îles de
  l'Ascension
Îles Caïmans
Îles Falkland
Îles Fidji
Irlande
Islande
Italie
Jamaïque
Japon
Liechtenstein
Luxembourg
Malte
Maurice
Monaco

Montserrat
Nouvelle-
  Calédonie
Nouvelle-
  Zélande
Pays-Bas
Norvège (sauf
  Svalbard)
Portugal
  (Madère et
  Açores inclus)
Sainte-Hélène
Saint-Kitts et
  Nevis
San Marino
Singapour
Suède
Suisse
Vanuatu
Vatican

278 Grâce à ce programme, les animaux sont dorénavant acceptés au Royaume-Uni sans avoir à passer par une étape de quarantaine autrefois fixée à six mois.

279 Ainsi, les animaux qui ont résidé au moins six mois dans l'un des pays participant au programme peuvent voyager d'un pays à l'autre avec plus de facilité. Toutefois, le programme ne s'applique qu'aux chiens et aux chats et seulement à destination du Royaume-Uni.

280 Les animaux allant en République d'Irlande sont soumis à la quarantaine de six mois, à moins qu'ils ne transitent par le Royaume-Uni tout en répondant aux exigences du PVAC.

281 Pour bénéficier du progamme, les animaux doivent remplir TOUTES les conditions suivantes :

- provenir d'un des pays participant au PVAC ;
- être acheminés suivant un itinéraire autorisé* ;
- être âgés d'au moins trois mois ;
- être identifiés par une micropuce ;
- être vaccinés contre la rage ;
- avoir subi un test sérologique ;
- avoir subi un traitement contre les tiques et l'échinococcose ;
- voyager avec un certificat attestant que l'animal est bien identifié, a subi un traitement contre la rage, un traitement antiparasitaire et qu'il n'a pas séjourné dans un pays ne participant pas au Programme dans les six mois précédant le voyage.

---

* Voir exemples d'itinéraires page 620.

Attention aux maladies

Voici une courte liste (non exhaustive) des maladies contre lesquelles il est recommandé de se faire vacciner ou de prendre des mesures préventives AVANT de partir en voyage.

- Tétanos et diphtérie
- Poliomyélite
- Thyphoïde
- Hépatite A
- Fièvre jaune
- Diarrhée des voyageurs (tourista)
- Choléra
- Rage
- Grippe
- Méningite à méningocoque
- Encéphalite

Pour demeurer en bonne santé

282 Emportez les numéros de téléphone et de télécopieur de votre médecin ainsi qu'une copie des ordonnances médicales dont vous pourriez avoir besoin.

283 Emportez des multivitamines puisque vous n'aurez pas forcément toujours l'occasion de bien vous nourrir.

284 Emportez une quantité suffisante de contraceptifs oraux car il peut être difficile d'en trouver (ou d'obtenir votre marque habituelle) à l'étranger.

285 Emportez des condoms pour éviter les MTS.

286 Pour les voyages en Asie, emportez vos propres baguettes jetables (ou une fourchette). La vaisselle ne sera peut-être pas lavée dans des conditions optimales de propreté pour tuer les bactéries.

287 Si vous êtes prédisposée aux infections vaginales, les climats chauds et humides pourraient vous causer des inconvénients. Portez des sous-vêtements de coton amples et choisissez une jupe plutôt qu'un pantalon ; n'oubliez pas votre crème.

288 Si vous portez des verres de contact, utilisez des lentilles jetables car l'entretien des lentilles peut devenir un problème.

289 Six à huit semaines avant le départ, vous devriez passer une évaluation de risques personnels dans une clinique santé-voyage.

290 En voyage à l'étranger, évitez de vous faire percer les oreilles, le nombril, la langue, de vous faire tatouer ou de recevoir un traitement d'acupuncture ou de manucure notamment dans les pays en voie de développement. Des instruments mal stérilisés peuvent transmettre l'hépatite B ou le sida.

291 Si vous devez absolument recevoir des soins dentaires, une injection ou subir un examen interne, communiquez avec l'ambassade ou le consulat le plus proche. On pourra généralement vous recommander des praticiens locaux compétents.

Contre-indications aux vols en avion

Certains problèmes de santé peuvent vous empêcher de voyager, mais n'oubliez pas de vous renseigner auprès de votre médecin avant de faire votre réservation; en voici quelques-uns.

- Infarctus de moins de 6 semaines
- Phlébite récente
- Sinusite, otite, mastoïdite aigues récentes (les variations de pression vont aggraver les problèmes)
- Intervention chirurgicale oto-rhyno-laryngologique récente
- Décollement de rétine datant de moins de 6 semaines
- Glaucome non stabilisé
- Port de lentilles cornéennes pour un vol de plus de 3 heures (l'air est très sec)
- Accouchement dans les moins de 8 jours
- Hémorragie génitale de moins de 8 jours
- Maladies psychiatriques potentiellement dangereuses (les patients doivent être accompagnés d'un médecin et d'une infirmière)
- Maladie contagieuse (SRAS, tuberculose, etc.) qui peut se propager par le système de climatisation de l'appareil ou par un contact trop étroit avec les autres passagers

292 L'Association internationale pour l'assistance médicale aux voyageurs offre de l'information sur les vaccinations requises, les conditions sanitaires et climatiques, les maladies tropicales comme le paludisme, l'assainissement des aliments et de l'eau, et peut vous fournir une liste de médecins, un peu partout dans le monde, parlant anglais et qui ont accepté de soigner des voyageurs.

293 Portez un bracelet MedicAlert pour pallier certains problèmes spécifiques de santé qui risquent de survenir durant le voyage.

Comment éviter les piqûres de moustiques

Le paludisme, la dengue, le virus du Nil occidental et bien d'autres maladies sont transmises par les moustiques. Pour vous prémunir, vous pouvez prendre certaines mesures pour ne pas être piqué.

294 Passez le moins de temps possible hors des habitations, en soirée.

295 Privilégiez les lieux couverts, et particulièrement ceux qui sont climatisés, car si l'air frais ne tue pas le moustique, il diminue son agressivité.

296 Ne restez pas sous une lampe allumée.

297 Préférez les lieux venteux et les bords de mer avec brise marine.

298 Portez des vêtements clairs, à manches et à jambes longues, et appliquez du chasse-moustiques sur les parties non protégées.

299 Dormez sous des moustiquaires imprégnées de perméthrine ou de deltaméthrine.

300 En cas de piqûre de moustique, appliquez un peu d'eau vinaigrée ou une pommade calmante pour éviter de vous gratter si vous n'avez pas d'After-Bite sous la main.

301 En cas d'allergie qui se manifeste par des gonflements, des médicaments antihistaminiques et l'application de crème aux corticoïdes sont indispensables (sur prescription médicale).

302 Dans votre chambre, installez des prises anti-moustiques ou faites brûler des serpentins.

Les risques de la mer

Les vives

On trouve, dans les eaux tempérées, un poisson piqueur appelé la vive et qui inflige de douloureuses piqûres. Dissimulé dans le sable, ce poisson ne laisse paraître que les aiguillons venimeux de son épine dorsale et le sommet de sa tête ; son venin est très puissant. Un baigneur peut être piqué en déposant, par mégarde, le pied sur l'animal. La piqûre est très douloureuse ; au bout d'une trentaine de minutes, voire une heure, on ressent une sensation de brûlure qui s'étend dans le membre atteint. Parfois, on ressent aussi des fourmillements et des picotements, puis un engourdissement.

303 Si vous êtes piqué, ou si quelqu'un de votre entourage l'est, il faut sortir de l'eau, s'allonger, puis surélever le membre touché.

304 Nettoyez la plaie des débris qui pourraient s'y trouver et appliquez une source de chaleur sur la plaie ou tout autour en évitant de brûler la victime (le venin est détruit par une chaleur supérieure à 55 °C) ; vous pouvez aussi faire tremper la plaie dans l'eau très chaude pendant une vingtaine de minutes (sans ébouillanter la victime).

305 Allez chez le médecin le plus proche.

306 Il ne faut pas inciser la plaie, ni la faire saigner; il ne faut pas davantage sucer la blessure pour aspirer le venin pas plus qu'il ne faut poser de garrot sur le membre atteint.

307 Pour éviter ce genre de problème, mieux vaut porter des sandales en plastique avec une semelle épaisse quand on se baigne.

308 Évitez de marcher à grandes enjambées dans l'eau. Les petits pas préviendront les vives de votre arrivée et elles s'enfuiront avant de vous piquer.

Les méduses

On trouve aujourd'hui 40 000 espèces de méduses dans les mers du globe. Sa piqûre est redoutée même si certaines ne piquent pas. Le venin se trouve dans les tentacules et, même après leur mort, elles peuvent parfois décharger leur venin. La piqûre se fait sentir comme un coup de fouet. L'épiderme est aussitôt irrité et devient rouge; on ressent une douleur localisée.

309 S'il y a peu de venin, vous sentez une sensation de piqûre et de douleur, puis apparaissent des rougeurs.

310 Si un peu plus de venin est injecté, vous pourrez avoir des nausées, des crampes d'estomac et des difficultés respiratoires.

311 Si beaucoup de venin est injecté, vous pourriez vous évanouir, vomir et avoir des complications respiratoires.

312 Si vous êtes piqué, sortez de l'eau pour éviter les crampes et, éventuellement, la noyade.

313 Tamponnez, sans frotter, la plaie avec du sable sec, du sel, bref quelque chose d'un peu granuleux; la douleur devrait s'atténuer.

314 Après une quinzaine de minutes, nettoyez à l'eau de mer : pas d'eau douce. Ne pas frotter car le venin pourrait se diffuser.

315 Rendez-vous chez le médecin le plus proche.

316 Ne posez pas de garrot sur le membre atteint.

317 N'incisez pas la plaie et ne cherchez pas à la faire saigner.

318 Ne sucez pas la blessure pour aspirer le venin.

319 Ne mettez pas de vinaigre sur la plaie ; dans certains cas, son utilisation peut être dangereuse.

Les risques du soleil

Le coup de soleil (insolation) et le coup de chaleur ne sont pas la même chose ; leurs symptômes diffèrent et il convient de les soigner différemment. Vous pouvez attraper une insolation en dorant sur votre serviette tout autant qu'en jouant au volley de plage.

320 Les symptômes de l'insolation sont des maux de tête, des vertiges, des sueurs froides et une fatigue intense. Toutefois, la température de votre corps ne montera pas forcément. Pour remédier au problème, buvez beaucoup d'eau et restez à l'ombre pendant plusieurs heures.

321 Le coup de chaleur, lui, se manifeste par une hausse de la température corporelle à plus 40 °C. Le coup de chaleur survient lors d'une exposition prolongée à la chaleur ou au soleil. Vous pouvez également en souffrir si vous vous adonnez à des sports qui demandent d'intenses efforts physiques dans un climat chaud et humide. En plus de la fièvre, le coup de chaleur se manifeste par des maux de tête, des vertiges, des vomissements, parfois une perte de connaissance et des convulsions. La peau devient rouge et sèche et la victime a les jambes très molles. Il faut absolument faire baisser la température du corps rapidement et filer chez le médecin le plus près.

322 Pour aider une victime de coup de chaleur : la mettre à l'ombre, la déshabiller ou desserrer ses vêtements, l'envelopper de linges mouillés et ventiler sa nuque, sa tête et ses bras. Faire baisser la température du corps et faire boire la personne abondamment. Appeler les secouristes.

323 Pour éviter coups de chaleur et insolations, quelques mesures s'imposent : ne pas trop couvrir les enfants quand il fait chaud mais ne pas non plus les laisser se promener nus au soleil ; ne jamais rester dans une voiture en plein soleil, et ce, même si ce n'est que pour quelques instants ; porter des vêtements légers, pendant les fortes chaleurs, et rester le plus possible à l'ombre, dans des endroits bien aérés ; boire fréquemment, même sans avoir soif.

Trousse à pharmacie

Si vous partez en trekking à l'étranger, une trousse à pharmacie de base devrait comprendre :

- 1 loupe (pour mieux voir les échardes, par exemple)
- 1 paire de ciseaux à bouts ronds
- 1 petite pince à épiler
- 1 thermomètre électronique
- Chasse-moustiques et médicaments anti-malaria
- Bandes de contention élastiques, adhésives, hypo-allergènes
- Baume pour les lèvres
- Calamine ou crème pour le traitement des coups de soleil légers

- Compresses stériles
- Comprimés contre le mal des transports
- Condoms et pilules anticonceptionnelles
  (en quantité supérieure à la durée du séjour)
- Crème ou lait hydratant pour le corps
- Aspirines ou ibuprofène pour les maux de tête ou de dents
- Lunettes de soleil à filtre UV
- Médicaments antiallergies contre les pollens, acariens ou certaines plantes
- Médicament gastrique de type Mallox; les comprimés sont plus faciles à transporter que les sachets ou les bouteilles
- Médicament pour lutter contre la tourista
- Mercurochrome et pommade antiseptique
  (type Polysporin)
- Moustiquaire imprégnée (pour les séjours sous les tropiques)
- Pansements adhésifs aérés, stériles, hypoallergènes de tailles différentes
- Pommade apaisante (en cas de piqûres) et crayons After-Bite
- Pommade ou gel anti-inflammatoire
- Protection solaire écran total
- Quelques petits sacs de papier
  (en cas de vomissements)
- Rouleau de sparadrap
- Serviettes hygiéniques (denrées parfois rares dans certains pays)
- Solution antiseptique (125 ml) non alcoolisée, non colorée

Les mesures d'hygiène

324 Les toilettes modernes ne sont pas de mise partout sur la planète. Vous pourriez vous retrouver à devoir vous soulager dans des trous dans le sol, notamment dans les campagnes de pays en voie de développement. Pour éviter de vous offrir en spectacle, les femmes ont intérêt à porter des jupes amples et longues qui sauront dissimuler leur anatomie.

325 Ne partez pas sans quelques rouleaux de papier hygiénique ; il est parfois bien difficile d'en trouver, que ce soit au cœur de l'Afrique ou dans les hauteurs des Andes.

326 Vous pourriez également tomber sur des lieux d'aisance aux odeurs peu ragoûtantes. Dans ce cas, un peu de baume au menthol sous le nez peut vous aider à ne pas tourner de l'œil pendant que vous vous soulagez.

327 Des petites serviettes antiseptiques ou des lingettes nettoyantes vous seront bien utiles pour faire face à la pénurie d'eau dans certaines toilettes.

La nourriture

328 Faites attention à ce que vous mangez ou buvez sur place, notamment dans les pays en voie de développement et dans les îles du Sud.

329 Vous pouvez consommer des viandes, des poissons et des crustacés du moment qu'ils sont suffisamment cuits.

330 Évitez de manger des légumes crus, des hamburgers ou des sandwiches vendus dans les rues, des viandes et des poissons froids, des crudités.

331 Pelez les légumes et les fruits avant de les consommer.

332 Lavez-vous les mains avant chaque repas.

Les boissons

333 Attention à l'eau du robinet; l'eau véhicule un certain nombre de maladies comme la typhoïde, le choléra et d'autres maladies diarrhéiques. N'oubliez pas que cette eau du robinet peut se retrouver dans les glaçons et dans l'eau de lavage des aliments crus.

334 Vous pouvez boire de l'eau bouillie (au moins 15 minutes), de l'eau minérale en bouteille encapsulée, de l'eau filtrée, de l'eau stérilisée, des boissons alcoolisées embouteillées, des boissons chaudes préparées avec de l'eau rendue potable par ébullition.

Le soleil

335 Exposez-vous au soleil graduellement et non pas du matin au soir, dès la première journée sur la plage.

336 Méfiez-vous des réverbérations du soleil sur l'eau ou la neige; protégez-vous.

337 Buvez environ deux litres d'eau par jour (attention! pas de l'eau du robinet).

338 Appliquez, plusieurs fois par jour, une crème écran total pour éviter les coups de soleil; la première application doit être faite une demi-heure avant l'exposition et vous devrez renouveler l'application, en cas de baignade, de douche, etc., puis régulièrement toute la journée.

339 Pensez à porter un chapeau à large bord et des lunettes de soleil.

340 Munissez-vous de vêtements blancs ou clairs qui n'attirent pas le soleil.

341 Évitez les efforts physiques importants pendant les heures chaudes de la journée.

342 Évitez l'alcool et toutes les boissons alcoolisées lors de l'exposition au soleil.

Décalage horaire et peur en avion

Traverser un ou des fuseaux horaires (méridiens) se traduit par ce que l'on appelle le décalage horaire. Changer de fuseau horaire perturbe les rythmes circadien et du cycle du sommeil.

La température corporelle, la pression artérielle et la sécrétion d'hormones sont régulées par les rythmes circadiens. Le rythme circadien varie beaucoup d'une personne à l'autre et peut s'étendre sur 25 heures. Cette horloge interne est réglée chaque jour en fonction de différents signaux, comme la lumière, mais aussi de l'activité physique et des relations sociales.

Symptômes du décalage horaire

La fatigue, les troubles du sommeil, le manque de concentration, la mauvaise humeur, le manque d'appétit ou les malaises gastro-intestinaux sont les principaux symptômes du décalage horaire. Ce dernier peut aussi causer une baisse des facultés intellectuelles et des performances physiques des personnes qui en souffrent.

Tous les voyageurs qui traversent des fuseaux horaires éprouvent certains symptômes, même les agents de bord qui ont pourtant l'habitude de voyager. Le temps de récupération, lui, varie d'une personne à l'autre. Les chercheurs ont noté que le décalage horaire se fait davantage ressentir lors de voyages vers l'est et que ses effets augmentent avec l'âge.

Combattre le décalage horaire

Avant le départ

343 Reposez-vous et, surtout, ne vous privez pas de sommeil avant de partir pour un long voyage.

344 Si vous devez séjourner plus de 72 heures dans votre lieu de destination, vous pouvez commencer à adapter votre cycle de sommeil à ce lieu de séjour, quelques jours avant de partir.

En vol

345 Hydratez-vous énormément en buvant beaucoup d'eau ; évitez l'alcool et le café, qui favorisent la déshydratation.

346 Ne mangez pas trop ; privilégiez les hydrates de carbone (par exemple, les pâtes) plutôt que des protéines (viandes).

347 Certains voyageurs utilisent des somnifères légers, à action brève, pendant le vol ou au cours des toutes premières nuits suivant l'arrivée. Attention toutefois : ce type de médicament peut affaiblir les capacités intellectuelles et motrices et ils ne devraient pas être absorbés sans recommandation médicale.

À l'arrivée

348 Si vous ne partez que pour 48 à 72 heures, maintenez votre horaire régulier de sommeil et d'activités.

349 Si vous partez pour plus de 72 heures, il faudra adapter votre sommeil, vos heures de repas et d'activités au rythme de votre lieu de séjour.

350 Ne prenez pas de rendez-vous d'affaires ni ne faites de compétitions sportives moins de 48 heures après votre arrivée.

351 Essayez de passer un peu de temps à l'extérieur de façon à bénéficier de la lumière du jour qui facilite l'adaptation au nouveau fuseau horaire.

La NASA estime qu'il faut une journée par fuseau horaire traversé pour récupérer son rythme normal et son énergie habituelle. Un décalage horaire de sept heures nécessiterait donc sept jours de récupération (mauvaise nouvelle si vous partez en Europe seulement pour une semaine!)

Faut-il voyager de nuit ou de jour? Aucune étude ne peut trancher en faveur de l'un ou l'autre; il s'agit plutôt de préférence personnelle. Beaucoup de voyageurs préfèrent les vols de jour car, selon eux, ils provoquent moins de désagréments que les vols nocturnes.

Peur de l'avion

Un passager sur quatre a peur en avion. Plusieurs compagnies aériennes, dont Air France et Air Canada, proposent donc des séminaires pour apprendre à vaincre ses appréhensions. Dans ces cours, le passager est amené à comprendre comment vole un avion et à connaître toutes les précautions prises dans le monde de l'aviation civile.

352 Chez Air Canada, les élèves sont amenés à faire une thérapie de relaxation dans un avion immobilisé au sol, à l'intérieur duquel sont reproduites les conditions de vol réelles. À la fin des sessions, il est possible d'effectuer un vol Montréal-Toronto (payant) en compagnie des formateurs.

353 Pour combattre le stress d'un voyage en avion, il vaut mieux avoir passé une bonne nuit de sommeil avant le départ.

354 Prenez ensuite un repas léger mais sans excitants (alcool, caféine, etc.). Enfilez des vêtements amples pour être à l'aise.

355 Arrivez suffisamment tôt à l'aéroport pour vous familiariser avec les lieux et ne pas vous stresser avec les démarches à accomplir. La peur de manquer l'avion ne ferait qu'ajouter à votre angoisse.

356 À bord, c'est souvent au moment du décollage que la crainte se manifeste à cause, surtout, de l'inclinaison de l'appareil, des bruits de volets qui s'ouvrent et se ferment, des secousses diverses, etc. Mais tout cela est très normal. Si la panique vous guette, n'hésitez pas à parler aux agents de bord qui vous aideront à surmonter vos craintes.

357 Avant le décollage, deux facteurs peuvent provoquer la peur: la claustrophobie et l'angoisse du décollage; donc, il faut bien s'installer dans son siège, faire connaissance avec son voisin, bref essayer de penser à autre chose.

358 Pendant le décollage, le bruit, la poussée des réacteurs, les vibrations, le train d'atterrissage qui rentre, le passage des différentes couches de l'atmosphère sont parfois bien impressionnants mais, en regardant bien les autres passagers, vous verrez que tout est normal.

359 En vol, plus rien ne se passe vraiment. Le passager commence alors à se relaxer un peu. Toutefois, quelques turbulences ou trous d'air peuvent survenir; dans ces cas-là, respirez bien pour ne pas céder à la peur.

360 Voici l'atterrissage et vous vous sentez plus rassuré; attention toutefois, vous pouvez être drôlement secoué, les aérofreins font un bruit d'enfer et le premier contact au sol peut être brutal. Dans ce cas, ne pensez pas au pire, faites confiance au pilote et à l'équipage.

Choisir son hébergement

361 L'endroit où vous logerez doit être judicieusement choisi : un grand ou un petit hôtel, un gîte touristique, l'hébergement chez l'habitant ; n'attendez pas à la dernière minute pour vous décider. Réservez d'avance, que ce soit dans votre propre pays ou à l'étranger.

362 Sachez que les petits établissements offrent un service attentionné, souvent plus personnalisé, et vous pourriez y bénéficier de petites attentions que les grandes chaînes ne fournissent pas.

363 Pour éviter l'énervement dû à la recherche d'un logement, si vous n'avez pas réservé, il vaut mieux arriver avant la tombée de la nuit pour être sûr d'obtenir un endroit qui vous convienne et ne pas devoir arpenter les rues après le coucher du soleil, surtout dans un pays étranger.

364 Que vous logiez dans un hôtel, un gîte touristique ou une auberge, il faut toujours exiger de voir la chambre avant de s'y installer. Vérifiez-en la propreté, les serrures, les accès (fenêtres). Si vous ne vous sentez pas à l'aise dans la chambre, ne la prenez pas.

365 Une autre façon intéressante d'obtenir un hébergement à bon prix est d'échanger votre maison avec des étrangers, pratique de plus en plus fréquente. La seule contrainte est de respecter le bien d'autrui. Vous trouverez de nombreux organismes qui gèrent ce type d'échanges de maisons sur le réseau Internet.

366 Si vous êtes seul ou en couple, vous pouvez choisir plus facilement l'hôtel ou une petite auberge. Avec des enfants, c'est moins évident! Dans ce cas, vous pourriez vous tourner vers une maison à louer, la même chose si vous voulez passer quelques jours avec un groupe d'amis... Vous serez plus à l'aise pour vous retrouver dans une maison que dans plusieurs petites chambres.

367 Si vous choisissez un petit hôtel, attention à votre heure d'arrivée. Confirmez-la avec l'hôtelier car se pointer à une heure tardive peut vous valoir le désagrément de rester sur le trottoir devant une porte close pour la nuit.

368 Dans les lignes qui suivent, nous vous proposons de découvrir la classification des lieux d'hébergement, telle que définie par le Gouvernement du Québec. Cela vous permettra de sélectionner le type d'hébergement qui correspond à vos goûts et à votre budget.

Établissements d'hébergement touristique – catégories visées

Les catégories d'établissements touchées par l'application du Règlement sur les établissements d'hébergement touristique sont les suivantes :

Établissements hôteliers

Cette catégorie comprend les établissements qui offrent de l'hébergement dans un ou plusieurs immeubles adjacents et qui constituent un ensemble.

0 étoile

Établissement hôtelier dont l'aménagement respecte les normes minimales de classification.

1 étoile

Établissement hôtelier au confort élémentaire, dont l'aménagement et les services sont conformes aux normes de qualité.

2 étoiles

Établissement hôtelier de bon confort, doté d'un aménagement de bonne qualité, qui fournit quelques services et commodités.

3 étoiles

Établissement hôtelier très confortable doté d'un aménagement d'une qualité appréciable et qui offre plusieurs services et commodités.

4 étoiles

Établissement hôtelier de confort supérieur doté d'un aménagement d'une qualité remarquable et qui offre un éventail de services et de commodités.

5 étoiles

Établissement hôtelier de confort exceptionnel doté d'un aménagement haut de gamme et qui offre une multitude de services et de commodités.

Résidences de tourisme

Cette catégorie regroupe les chalets, les appartements ou les maisons meublées qui comprennent obligatoirement une cuisinette et une ou plusieurs chambres.

0 étoile

Résidence de tourisme dont l'aménagement respecte les normes minimales de classification.

1 étoile

Résidence de tourisme au confort élémentaire dont l'aménagement et les services sont conformes aux normes de qualité.

2 étoiles

Résidence de tourisme de bon confort dotée d'un aménagement de bonne qualité, qui fournit quelques services et commodités.

3 étoiles

Résidence de tourisme très confortable dotée d'un aménagement d'une qualité appréciable et qui offre plusieurs services et commodités.

4 étoiles

Résidence de tourisme de confort supérieur dotée d'un aménagement de qualité remarquable et qui offre un éventail de services et de commodités.

Gîtes

Cette catégorie comprend les résidences privées que leurs propriétaires ou occupants exploitent comme établissement d'hébergement. Cet établissement offre au plus 5 chambres et le prix de location comprend le petit déjeuner servi sur place.

0 soleil

Gîte dont l'aménagement respecte les normes minimales de classification.

1 soleil

Gîte au confort élémentaire dont l'aménagement et les services sont conformes aux normes de qualité.

2 soleils

Gîte de bon confort doté d'un aménagement de bonne qualité, qui fournit quelques services et commodités.

3 soleils

Gîte très confortable doté d'un aménagement de qualité appréciable et qui offre plusieurs services et commodités.

4 soleils

Gîte de confort supérieur doté d'un aménagement de qualité remarquable et qui offre un éventail de services et de commodités.

5 soleils

Gîte de confort exceptionnel doté d'un aménagement haut de gamme et qui offre une multitude de services et de commodités.

Villages d'accueil

Cette catégorie regroupe les établissements qui offrent l'hébergement, le petit déjeuner, le repas du midi ou du soir dans des familles recevant un maximum de six personnes, ainsi que des activités d'animation de groupe.

0 étoile

Village d'accueil dont l'aménagement respecte les normes minimales de classification.

1 étoile

Village d'accueil au confort élémentaire dont l'aménagement et les services sont conformes aux normes de qualité.

2 étoiles

Village d'accueil de bon confort doté d'un aménagement de bonne qualité, qui fournit quelques services et commodités.

3 étoiles

Village d'accueil très confortable doté d'un aménagement d'une qualité appréciable et qui offre plusieurs services et commodités.

4 étoiles

Village d'accueil de confort supérieur doté d'un aménagement de qualité remarquable et qui offre un éventail de services et de commodités.

Auberges de jeunesse

Cette catégorie comprend les établissements qui offrent de l'hébergement dans des chambres ou des dortoirs, et qui comportent des services de restauration ou des équipements nécessaires à la préparation de repas.

0 étoile

Auberge de jeunesse dont l'aménagement respecte les normes minimales de classification.

1 étoile

Auberge de jeunesse au confort élémentaire dont l'aménagement et les services sont conformes aux normes de qualité.

2 étoiles

Auberge de jeunesse de bon confort dotée d'un aménagement de bonne qualité, qui fournit quelques services et commodités.

3 étoiles

Auberge de jeunesse très confortable dotée d'un aménagement d'une qualité appréciable et qui offre plusieurs services et commodités.

Centres de vacances

Cette catégorie comprend les établissements qui offrent l'hébergement, la restauration ou la possibilité de cuisiner soi-même, l'animation et des équipements de loisir.

0 étoile

Centre de vacances dont l'aménagement respecte les normes minimales de classification.

1 étoile

Centre de vacances au confort élémentaire dont l'aménagement et les services sont conformes aux normes de qualité.

2 étoiles

Centre de vacances de bon confort, doté d'un aménagement de bonne qualité, qui fournit quelques services et commodités.

3 étoiles

Centre de vacances très confortable doté d'un aménagement d'une qualité appréciable et qui offre plusieurs services et commodités.

4 étoiles

Centre de vacances de confort supérieur doté d'un aménagement de qualité remarquable et qui offre un éventail de services et de commodités.

Établissements d'enseignement

Cette catégorie comprend les établissements d'enseignement qui mettent à la disposition des visiteurs les chambres habituellement destinées aux étudiants résidents.

0 étoile

Établissement d'enseignement dont l'aménagement respecte les normes minimales de classification.

1 étoile

Établissement d'enseignement au confort élémentaire dont l'aménagement et les services sont conformes aux normes de qualité.

2 étoiles

Établissement d'enseignement de bon confort doté d'un aménagement de bonne qualité, qui fournit quelques services et commodités.

3 étoiles

Établissement d'enseignement très confortable doté d'un aménagement d'une qualité appréciable et qui offre plusieurs services et commodités.

Campings

Cette catégorie comprend les établissements qui offrent des services et des emplacements permettant d'accueillir des tentes ou des véhicules de camping récréatifs motorisés ou non.

Textes et pictogrammes reproduits avec l'aimable autorisation de Tourisme Québec: http://www.bonjourquebec.com

Une question d'argent

Et maintenant, parlons d'argent. Le tableau qui suit vous permettra de trouver rapidement la monnaie et son code international du pays de destination, la capitale et la langue que l'on y parle officiellement.

Les pays et leur monnaie

Pays	Monnaie	Abréviation internationale	Capitale	Langue(s) officielle(s)
Afrique				
Açores (Les)	Euro	EUR	Ponta Delgada	Portugais
Afrique du Sud	Rand	ZAR	Pretoria	Afrikaans et anglais
Algérie	Dinar algérien	DZD	Alger	Arabe
Anjouan	Franc CFA	KMF	Mutsamudu	Comorien
Angola	Kwanza (entrée et sortie de monnaie locale interdites)	AOR	Luanda	Portugais

Pays	Monnaie	Abréviation internationale	Capitale	Langue(s) officielle(s)
Ascension	Livre sterling	GSP	Georgetown	Anglais
Bénin	Franc CFA*	XOF	Porto Novo	Français
Botswana	Pula	BWP	Gaborone	Anglais
Burkina Faso	Franc CFA	XOF	Ouagadougou	Français
Burundi	Franc du Burundi	BIF	Bunjumbura	Français
Cameroun	Franc CFA	XAF	Yaoundé	Français et anglais
Canaries (Les)	Euro	EUR	Las Palmas	Espagnol
Cap-Vert	Escudo	CVE	Praia	Portugais
Centrafrique	Franc CFA	XAF	Bangui	Français
Comores	Franc CFA	KMF	Moroni	Français et arabe
Congo démocratique	Franc	CDF	Kinshasa	Français
Congo	Franc CFA	XAF	Brazzaville	Français
Côte d'Ivoire	Franc CFA	XOF	Yamoussokro	Français
Djibouti	Franc de Djibouti	DJF	Djibouti	Arabe et français
Égypte	Livre égyptienne	EGP	Le Caire	Arabe
Érythrée	Nafka	ERN	Asmara	Arabe et tingrinya
Éthiopie	Birr	ETB	Addis-Abeba	Amharique
Gabon	Franc CFA	XAF	Libreville	Français
Gambie	Dalasi	GMD	Banjul	Anglais
Ghana	Cedi (entrée et sortie de monnaie locale interdites)	GHC	Accra	Anglais

Pays	Monnaie	Abréviation internationale	Capitale	Langue(s) officielle(s)
Guinée	Franc guinéen	GNF	Conakry	Français
Guinée-Bissau	Peso	GWP	Bissau	Portugais
Guinée équatoriale	Franc CFA	XOF	Malabo	Espagnol
Kenya	Shilling kenyan	KES	Nairobi	Swahili et anglais
Lesotho	Loti	LSL	Maseru	Sotho et anglais
Libéria	Dollar libérien	LRD	Monrovia	Anglais
Madagascar	Franc malgache	MGF	Tananarive	Malgache et français
Madère	Euro	EUR	Funchal	Portugais
Malawi	Kwacha	MWK	Lilongwe	Chewa et anglais
Mali	Franc CFA	XOF	Bamako	Français
Maroc	Dirham (entrée et sortie de monnaie locale interdites)	MAD	Rabat	Arabe
Maurice (île)	Roupie	MUR	Port-Louis	Anglais et français
Mauritanie	Ouguiya (entrée et sortie de monnaie locale interdites)	MRO	Nouakchott	Arabe et français
Mayotte	Euro	EUR	Mamoudzou	Français
Mozambique	Metical (entrée et sortie de monnaie locale interdites)	MZM	Maputo	Portugais
Namibie	Dollar namibien	NAD	Windhoek	Afrikaans, allemand et anglais
Niger	Franc CFA	XOF	Niamey	Français

Pays	Monnaie	Abréviation internationale	Capitale	Langue(s) officielle(s)
Nigeria	Naira (entrée et sortie de monnaie locale interdites)	NGN	Abuja	Anglais
Ouganda	Shilling ougandais (entrée et sortie de monnaie locale interdites)	UGX	Kampala	Anglais
Réunion (La)	Euro	EUR	Saint-Denis	Français
Rwanda	Franc rwandais	RWF	Kigali	Français
Sainte-Hélène	Livre	SHP	Jamestown	Anglais
SãoTomé et Principe	Dobra	STD	Dobra	Portugais
Sénégal	Franc CFA	XOF	Dakar	Français
Seychelles	Roupie seychelloise	SCR	Victoria	Français et anglais
Sierra Leone	Leone	SLL	Freetown	Anglais
Somalie	Shilling somalien	SOS	Mogadiscio	Somali et arabe
Soudan	Dinar soudanais (entrée et sortie de monnaie locale interdites)	SDD	Khartoum	Arabe
Swaziland	Lilangeni	SZL	Mbabane	Siswati et anglais
Tanzanie	Shilling tanzanien (entrée et sortie de monnaie locale interdites)	TZS	Dodoma	Swahili et anglais
Tchad	Franc CFA	XAF	N'Djamena	Arabe et français
Togo	Franc CFA	XOF	Lomé	Français

Pays	Monnaie	Abréviation internationale	Capitale	Langue(s) officielle(s)
Tristan da Cunha	Livre sterling	GSP	Edinburgh	Anglais
Tunisie	Dinar tunisien (entrée et sortie de monnaie locale interdites)	TND	Tunis	Arabe
Zambie	Kwacha	ZMK	Lusaka	Anglais
Zimbabwe	Dollar zimbabwéen	ZWD	Harare	Anglais
Amérique centrale et Caraïbes				
Aguilla	Dollar des Caraïbes	XCD	The Valley	Anglais
Antigua et Barbuda	Dollar des Caraïbes	XCD	Saint John's	Anglais
Aruba	Florin (guilder)	ANG	Oranjestad	Néerlandais
Bahamas	Dollar bahaméen	BSD	Nassau	Anglais
Barbade	Dollar barbadien	BBD	Bridgetown	Anglais
Bermudes	Dollar des Bermudes	BMD	Hamilton	Anglais
Bonaire	Florin (guilder)	ANG	Kralendijk	Néerlandais
Caïmans (les îles)	Dollar des Caïmans	KYD	Georgetown	Anglais
Colombie	Peso	COP	Bogota	Espagnol
Costa Rica	Colon	CRC	San José	Espagnol
Cuba	Peso (entrée et sortie de monnaie locale interdites)	CUP	La Havane	Espagnol
Curaçao	Florin (guilder)	ANG	Williamstad	Néerlandais

Pays	Monnaie	Abréviation internationale	Capitale	Langue(s) officielle(s)
République dominicaine	Peso (entrée et sortie de monnaie locale interdites)	DOP	Santo Domingo	Espagnol
Dominique	Dollar des Caraïbes	XCD	Roseau	Anglais et français
Grenade	Dollar des Caraïbes	XCD	Saint George	Anglais
Haïti	Gourde	HTG	Port-au-Prince	Français
Îles vierges américaines*	Dollar américain	USD	Charlotte Amalie	Anglais
Îles vierges britanniques**	Dollar américain	USD	Road Town	Anglais
Jamaïque	Dollar jamaïcan	JMD	Kingston	Anglais
La Désirade	Euro	EUR	Beauséjour	Français
La Guadeloupe	Euro	EUR	Basse-Terre	Français
La Martinique	Euro	EUR	Fort-de-France	Français
Les Saintes	Euro	EUR	Bourg des Saintes	Français
Marie-Galante	Euro	EUR	Saint-Louis	Français
Mexique	Peso mexicain	MXN	Mexico	Espagnol
Montserrat	Dollar des Caraïbes	XCD	Plymouth	Anglais
Panama	Balboa	PAB	Panama City	Espagnol
Porto Rico	Dollar américain	USD	San Juan	Espagnol
Saba	Florin (guilder)	ANG	The Bottom	Néerlandais

Pays	Monnaie	Abréviation internationale	Capitale	Langue(s) officielle(s)
St. Eustatius	Florin (guilder)	ANG	Oranjestad	Néerlandais
Saint-Barthélemy	Euro	EURO	Gustavia	Français
Sainte-Lucie	Dollar des Caraïbes	XCD	Castries	Anglais
Saint-Kitts et Nevis	Dollar des Caraïbes	XCD	Basseterre	Anglais
Salvador	Colon	SVC	San Salvador	Espagnol
Saint-Martin	Euro	EUR	Marigot	Français
Saint-Vincent et les Grenadines	Dollar des Caraïbes	XCD	Kingstown	Anglais
Sint-Maarten	Florin (guilder)	ANG	Philipsburg	Néerlandais
Trinité-et-Tobago	Dollar	TTD	Port of Spain	Anglais
Turks et Caïques	Dollar américain	USD	Cockburn Town	Anglais
Amérique du Nord				
Canada	Dollar canadien	CAD	Ottawa	Anglais et français
États-Unis	Dollar	USD	Washington	Anglais
Groënland	Couronne danoise	DDK	Nuuk	Groenlandais et danois
Saint-Pierre-et-Miquelon	Euro	EUR	Saint-Pierre	Français
Amérique du Sud				
Argentine	Peso	ARS	Buenos Aires	Espagnol
Belize	Dollar	BZD	Belmopan	Espagnol
Bolivie	Boliviano	BOV	La Paz	Espagnol
Brésil	Real	BRL	Brasilia	Portugais

Pays	Monnaie	Abréviation internationale	Capitale	Langue(s) officielle(s)
Chili	Peso	CLP	Santiago	Espagnol
Équateur	Sucre	ECS	Quito	Espagnol
Guatemala	Quetzal	GTQ	Guatemala	Espagnol
Guyana	Dollar	GYD	Georgetown	Anglais
Guyane française	Euro	EUR	Cayenne	Français
Honduras	Lempira	HNL	Tegucigalpa	Espagnol
Nicaragua	Cordoba	NIO	Managua	Espagnol
Paraguay	Guarani	PYG	Asunción	Espagnol
Pérou	Nouveau soles	PEN	Lima	Espagnol
Surinam	Florin de Surinam	SRG	Paramaribo	Néerlandais
Uruguay	Peso	UYU	Montevideo	Espagnol
Vénézuela	Bolívar	VEB	Caracas	Espagnol
Asie				
Afghanistan	Afghani (entrée et sortie de monnaie locale interdites)	AFA	Kaboul	Pashto et dari
Arménie	Dram (entrée et sortie de monnaie locale interdites)	AMD	Erevan	Arménien
Azerbaïdjan	Manat entrée et sortie de monnaie locale interdite)	AZM	Bakou	Azéri
Bangladesh	Taka	BDT	Dacca	Bengali
Birmanie (Myanmar)	Kyat (entrée et sortie de monnaie locale interdites)	MMK	Yangon	Birman
Bouthan	Ngultrum	BTN	Thimbou	Dzongkha
Brunei	Dollar de Brunei	BND	Bandar Seri Begawan	Malais

Pays	Monnaie	Abréviation internationale	Capitale	Langue(s) officielle(s)
Cambodge	Riel	KHR	Phnom Penh	Khmer
Chine	Yuan	CNY	Beijing	Chinois
Corée du Nord	Won	KPW	Pyongyang	Coréen
Corée du Sud	Won	KRW	Séoul	Coréen
Géorgie	Lari	GEL	Tbilissi	Géorgien
Hong-Kong	Dollar de Hong-Kong	HKD	Victoria	Chinois et anglais
Inde	Roupie indienne (entrée et sortie de monnaie locale interdites)	INR	New Dehli	Hindi et 18 autres langues
Indonésie	Roupie indonésienne	IDR	Jakarta	Indonésien
Japon	Yen	JPY	Tokyo	Japonais
Kazakhstan	Tenge (entrée et sortie de monnaie locale interdites)	KZT	Astana	Kazakh
Kirghiztan	Som (entrée et sortie de monnaie locale interdites)	KGS	Bishkek	Kirghiz
Laos	Kip	LAK	Vientiane	Laotien
Macao	Pataca	MOP	Macao	Portugais
Malaysia	Ringgit	MYR	Kuala Lumpur	Malais
Mongolie	Tugrik (entrée et sortie de monnaie locale interdites)	MNT	Oulan-Bator	Mongol
Népal	Roupie népalaise (entrée et sortie de monnaie locale interdites)	NPR	Katmandou	Népali
Ouzbékistan	Sum (entrée et sortie de monnaie locale interdites)	UZS	Tachkent	Ouzbek

Pays	Monnaie	Abréviation internationale	Capitale	Langue(s) officielle(s)
Pakistan	Roupie pakistanaise	PKR	Islamabad	Ourdou
Philippines	Peso philippin	PHP	Manille	Tagalog et anglais
Singapour	Dollar singapourien	SGD	Singapour	Chinois, malais, anglais et tamoul
Sri Lanka	Roupie sri lankaise (entrée et sortie de monnaie locale interdites)	LKR	Colombo	Cinghalais et tamoul
Tadjikistan	Rouble (entrée et sortie de monnaie locale interdites)	TJR	Doushanbe	Tadjik
Taïwan	Dollar taïwanais	TWD	Tai-pei	Chinois
Thaïlande	Baht	THB	Bangkok	Thaï
Tibet	Yuan	CNY	Lhassa	Tibétain et chinois
Timor oriental	Escudo du Timor	TPE	Dili	Portugais
Turkménistan	Manat	TMM	Ashkhabad	Turkmène
Vietnam	Nouveau Dong (entrée et sortie de monnaie locale interdites)	VND	Hanoi	Vietnamien
Europe				
Albanie	Lek (entrée et sortie de monnaie locale interdites)	ALL	Tirana	Albanais
Allemagne	Euro	EUR	Berlin	Allemand
Andorre	Peseta et Franc	ADP-ADF	Andorre-la-vieille	Catalan

Pays	Monnaie	Abréviation internationale	Capitale	Langue(s) officielle(s)
Aurigny	Livre sterling	GBP	Sainte-Anne	Anglais
Autriche	Euro	EUR	Vienne	Allemand
Belgique	Euro	EUR	Bruxelles	Français, allemand et néerlandais
Biélorussie (Bélarus)	Rouble (entrée et sortie de monnaie locale interdites)	BYB	Minsk	Biélorusse
Bosnie-Herzégovine	Mark convertible	BMM	Sarajevo	Bosniaque, serbe et croate
Bulgarie	Lev	BGN	Sofia	Bulgare
Chypre	Livre chypriote	CYP	Nicosie	Grec et turc
Croatie	Kuna	HRK	Zagreb	Croate
Danemark	Couronne danoise	DKK	Copenhague	Danois
Espagne	Euro	EUR	Madrid	Espagnol
Estonie	Couronne estonienne	EEK	Tallin	Estonien
Féroé (Îles)	Couronne danoise	DDK	Thorshavn	Féroïen et danois
Finlande	Euro	EUR	Helsinki	Finnois et suédois
France	Euro	EUR	Paris	Français
Gibraltar	Livre de Gibraltar	GIP	Gibraltar	Anglais
Grande-Bretagne et R.-U.	Livre sterling	GBP	Londres	Anglais
Grèce	Euro	EUR	Athènes	Grec
Guernesey	Livre sterling	GBP	Saint-Pierre	Anglais

Pays	Monnaie	Abréviation internationale	Capitale	Langue(s) officielle(s)
Herm	Livre sterling	GBP	Herm	Anglais
Hongrie	Forint	HUF	Budapest	Hongrois
Irlande	Euro	EUR	Dublin	Gaélique et anglais
Islande	Couronne islandaise	ISK	Reykjavik	Islandais
Italie	Euro	EUR	Rome	Italien
Jersey	Livre sterling	GBP	Saint-Hélier	Anglais
Lettonie	Lats	LVL	Riga	Letton
Liechtenstein	Franc suisse	CHF	Vaduz	Allemand
Lituanie	Litas	LTL	Vilnius	Lituanien
Luxembourg	Euro	EUR	Luxembourg	Français et allemand
Macédoine	Dinar macédonien	MKD	Skopje	Macédonien
Malte	Lira	MTL	La Valette	Maltais et anglais
Man	Livre sterling	GBP	Douglas	Anglais
Moldavie	Leu moldave	MDL	Chisinau	Moldave
Monaco	Euro	EUR	Monaco	Français
Norvège	Couronne norvégienne	NOK	Oslo	Norvégien
Pays-Bas	Euro	EUR	Amsterdam	Néerlandais
Pologne	Zloty (entrée et sortie de monnaie locale interdites)	PLN	Varsovie	Polonais
Portugal	Euro	EUR	Lisbonne	Portugais
République tchèque	Couronne tchèque	CZK	Prague	Tchèque
Roumanie	Leu	ROL	Bucarest	Roumain

Pays	Monnaie	Abréviation internationale	Capitale	Langue(s) officielle(s)
Russie	Nouveau rouble (entrée et sortie de monnaie locale interdites)	RUB	Moscou	Russe
Saint-Marin	Euro	EUR	San Marino	Italien
Serbie-Monténégro	Dinar nouveau	CSD	Belgrade	Serbe
Sercq	Livre sterling	GBP	Sercq	Anglais
Slovaquie	Couronne slovaque	SKK	Bratislava	Slovaque
Slovénie	Tolar	SIT	Ljubljana	Slovène
Suède	Couronne suédoise	SEK	Stockholm	Suédois
Suisse	Franc suisse	CHF	Berne	Allemand, français et italien
Turquie	Lira	TRL	Ankara	Turc
Ukraine	Hryvnia (entrée et sortie de monnaie locale interdites)	UAH	Kiev	Ukrainien
Vatican	Euro	EUR	Cité du Vatican	Latin et italien
Moyen-Orient				
Arabie Saoudite	Riyal	SAR	Riyad	Arabe
Bahreïn	Dinar	BHD	Manama	Arabe
Émirats Arabes Unis	Dirham	AED	Abou Dabi	Arabe
Irak	Dinar irakien	IQD	Bagdad	Arabe
Iran	Rial	IRR	Téhéran	Farsi
Israël	Nouveau Shekel	ILS	Jérusalem	Hébreu et arabe

Pays	Monnaie	Abréviation internationale	Capitale	Langue(s) officielle(s)
Jordanie	Dinar jordanien	JOD	Amman	Arabe
Koweit	Dinar koweïtien	KWD	Koweit City	Arabe
Liban	Livre libanaise	LBP	Beyrouth	Arabe
Lybie	Dinar lybien (entrée et sortie de monnaie locale interdites)	LYD	Tripoli	Arabe
Oman	Riyal omanais	OMR	Mascate	Arabe
Qatar	Riyal qatari	QAR	Doha	Arabe
Syrie	Livre syrienne (sortie de monnaie locale interdite)	SYP	Damas	Arabe
Yémen	Riyal yéménite (sortie de monnaie locale interdite)	YER	Sanaa	Arabe
Océanie, îles du Pacifique et Antarctique				
Australie	Dollar australien	AUD	Canberra	Anglais
Chatham (îles)	Dollar néo-zélandais	NZD	Waitangi	Anglais et maori
Christmas (îles)	Dollar australien	AUD	Flying Fish Cove	Anglais, chinois et malais
Cocos (îles) (ou Keeling)	Dollar australien	AUD	West Island	Anglais
Cook (îles)	Dollar néo-zélandais	NZD	Avarua	Anglais
Falkland (Malouines)	Livre de Falkland	FKP	Port Stanley	Anglais
Fidji	Dollar fidjien	FJD	Suva	Anglais

Pays	Monnaie	Abréviation internationale	Capitale	Langue(s) officielle(s)
Géorgie du Sud et îles Sandwich du Sud	Livre sterling	GBP	Grytviken	Anglais
Guam	Dollar américain	USD	Agana	Anglais
Hawaï	Dollar américain	USD	Honolulu	Anglais
Kiribati	Dollar australien	AUD	Bairiki	Anglais
Maldives	Rufiyaa	MVR	Malé	Dihévi et anglais
Mariannes du Nord	Dollar américain	USD	Susupe	Anglais
Marshall (îles)	Dollar américain	USD	Majuro	Anglais
Marquises (îles)	Franc CFP**	XPF	Atuana	Français
Micronésie	Dollar américain	USD	Palikir	Anglais
Nauru	Dollar australien	AUD	Yaren	Nauruan et anglais
Niue	Dollar néo-zélandais	NZD	Alofi	Anglais
Norfolk	Dollar australien	AUD	Kingston	Anglais
Nouvelle-Calédonie	Franc CFP	XPF	Nouméa	Français
Nouvelle-Zélande	Dollar néo-zélandais	NZD	Wellington	Anglais
Palau-Belau	Dollar américain	USD	Koror	Anglais

Pays	Monnaie	Abréviation internationale	Capitale	Langue(s) officielle(s)
Papouasie–Nouvelle-Guinée	Kina	PGK	Port Moresby	Anglais
Pitcairn	Dollar néozélandais	NZD	Adamstown	Anglais
Polynésie française	Franc CFP	XPF	Papeete	Français
Salomon	Dollar de Salomon	SBD	Honiara	Anglais
Samoa occidentales	Tala	WST	Apia	Samoan et anglais
Samoa américaines	Dollar américain	USD	Pago Pago	Samoan et anglais
Terres australes et antarctiques	Euro	EUR	Martin-de-Vivies	Français
Tokelau	Dollar néo-zélandais	NZD	Aucune	Tokelauan et anglais
Tonga	Pa'anga	TOP	Nuku'alofa	Tongan et anglais
Tuvalu	Dollar australien	AUD	Fongafale	Anglais
Vanuatu	Vatu	VUV	Port Vila	Anglais et français
Wallis-et-Futuna	Franc CFP	XPF	Mata Utu	Français

* Îles Vierges américaines: Great Tobago, Little Tobago, Hans Lollik, St. John, St. Thomas, Buck, Ste-Croix.

** Îles Vierges britanniques: Anegada, Necker, Mosquito, Virgin, Dog, Great Camaneo, Scrub, Beef, Ginger, Cooper, Peter, Norman, Guano, Salt, Tortola, Great Thatch, Jost Van Dyke.

* CFA: communauté francophone d'Afrique

** CFP: franc pacifique

Pays membres de la Francophonie
(dans lesquels il est théoriquement possible d'obtenir des services en français)

Algérie, Belgique, Bénin, Bulgarie, Burkina Faso, Burundi, Cambodge, Cameroun, Canada, Cap-Vert, Centrafrique, Comores, Congo, Congo démocratique, Côte d'Ivoire, Djibouti, Dominique, Égypte, France, Gabon, Guadeloupe (la Désirade, les Saintes, Marie-Galante, Saint-Barthélemy, Saint-Martin), Guinée, Guinée-Bissau, Guinée équatoriale, Guyane française, Haïti, Laos, Louisiane (États-Unis), Liban, Luxembourg, Madagascar, Mali, Maroc, Martinique, Maurice, Mauritanie, Mayotte, Moldavie, Monaco, Niger, Nouvelle-Angleterre (États-Unis), Nouvelle-Calédonie, Pologne, Polynésie française, Réunion, Roumanie, Rwanda, Sainte-Lucie, Saint-Pierre-et-Miquelon, Sao Tome et Principe, Sénégal, Seychelles, Suisse, Tchad, Togo, Tunisie, Val d'Aoste (Italie), Vanuatu, Vietnam, Wallis-et-Futuna.

Changer au noir ou pas

369 Dans de nombreux pays d'Amérique du Sud, d'Asie, d'Afrique, des changeurs vous accosteront dans la rue pour vous proposer de changer vos dollars ou vos euros. Leur taux de change est souvent supérieur à celui des banques et il est bien tentant d'y avoir recours. Faut-il ou non succomber? La réponse en est une de Normand: cela dépend! Si vous n'avez pas l'habitude de voyager, évitez de céder aux sollicitations et méfiez-vous!

370 Certains changeurs collaborent avec la police. Juste après l'opération de change effectuée, vous pourriez vous retrouver nez à nez avec deux policiers costauds qui vous demanderont votre passeport et la preuve que le change a été fait par un agent autorisé. Que ferez-vous? Vous pourriez proposer un petit «pot-de-vin» pour que les policiers ferment les yeux, mais comment savoir s'ils sont corruptibles ou non. Si c'est non, vous pourriez vous retrouver au poste de police dans de bien mauvais draps. S'ils le sont, ils pourraient juger votre bakchich bien mince et saisir tout votre argent.

371 Un autre truc de changeur peu scrupuleux consiste à vous faire croire qu'il a peur de la police et que celle-ci le guette. Il agit rapidement, plie vos billets en deux. Un comparse fait diversion en attirant votre attention et pendant que vous regardez autour de vous, le changeur retire quelques billets de la liasse qu'il vous tendait. Un conseil: recomptez l'argent... car si vous attendez d'être à l'hôtel pour ce faire, vous pourriez constater qu'il vous manque quelques coupures.

372 Parfois, les changeurs sont aussi acoquinés avec des voleurs. Le changeur vous remet la somme convenue mais un comparse surgit derrière vous, s'empare de votre liasse de billets et adieu veaux, vaches, cochons!

373 Le comparse peut également être un pickpocket qui vous bousculera quelques minutes après la transaction pour vous arracher votre sac ou vous soulager de votre portefeuille.

374 Certains changeurs, sachant très bien que vous ne connaissez pas la monnaie locale, pourraient également vous refiler de la fausse monnaie.

375 Que vous changiez au noir ou légalement, n'exhibez jamais de grosses liasses de billets; préférez agir avec de petits montants à la fois. La vue de votre fortune risque d'aiguiser les convoitises.

376 Un bon truc est de garder des petites coupures à plusieurs endroits sur vous et non pas regroupées dans votre portefeuille. Vous n'aurez alors qu'à sortir un ou deux billets à la fois pour payer vos achats et n'étalerez pas votre argent à tout venant.

377 N'emportez pas de grosses sommes d'argent en voyage. Assurez-vous toutefois de disposer d'assez d'argent local pour prendre un taxi, téléphoner, manger un morceau.

378 Veillez à ne pas avoir seulement de gros billets mais également des petites coupures.

379 Avant de partir, n'oubliez pas de commander vos devises suffisamment d'avance car les banques n'en ont pas forcément en réserve, surtout dans le cas des monnaies peu courantes.

380 Certains pays interdisent l'importation ou l'exportation de devises locales. Renseignez-vous auprès de votre agent de voyages qui vous conseillera aussi sur la devise à emporter (dollars canadiens, américains ou euros).

381 Conservez, tout au long de votre voyage, les bordereaux de change et votre déclaration de devises importées lorsque vous voyagez à l'étranger; les autorités pourraient vous demander d'en faire état.

382 Veillez aussi à diversifier vos modes de paiement: argent liquide, chèque de voyage, carte de crédit.

383 Attention! Certains pays ne permettent l'encaissement de chèques de voyage que dans les banques ou les bureaux de change; les magasins peuvent les refuser.

384 Les cartes de crédit sont de plus en plus acceptées partout dans le monde; toutefois, n'oubliez pas que les frais de conversion de devises sont élevés: ils vont de 1,65 % à 2,50 %, selon la société émettrice.

385 Autant que possible, évitez de demander, à l'étranger, une avance de fonds sur votre carte de crédit, sauf en cas de force majeure, car des frais seront imputables.

386 Des frais (en plus des frais de transaction habituels) seront aussi imputables à votre compte si vous effectuez des retraits à un guichet automatique, et cela finit par coûter cher si vous ne retirez que des petites sommes à la fois.

387 À l'étranger, n'emportez qu'une seule carte de crédit, même si vous en possédez plusieurs. En cas de vol, vous ne les aurez pas toutes perdues et vous serez aussi moins tenté de les utiliser.

388 Ainsi, vous pourriez vous faire émettre, pour votre voyage, une carte de crédit avec une faible limite (par exemple 500 $) que vous utiliserez seulement pour les réservations d'auto ou d'hôtels et que vous paierez par la suite en argent ou par chèques de voyage. En cas de perte ou de vol, les préjudices seront moins grands.

389 Certains pays imposent une taxe de départ ou des frais de service à l'aéroport ou au point de départ. Avant de repartir, mettez assez d'argent de côté, en devise du pays, pour vous acquitter de cette taxe.

Les pourboires: oui ou non?

Le pourboire n'est ni une aumône ni un dû; n'oubliez jamais qu'il s'agit plutôt de la manifestation de votre satisfaction, d'un remerciement pour un service de qualité.

L'origine du pourboire remonte, selon toute vraisemblance, aux années 1700 en Grande-Bretagne. Il aurait pris naissance dans le restaurant londonien Samuel Johnson où les clients désireux d'obtenir un service plus rapide devaient déposer un peu de monnaie dans une boîte portant l'inscription : *To Insure Promptness* (pour assurer la rapidité). D'où le fameux acronyme TIP.

On trouve le mot français « pourboire » dans le dictionnaire de l'Académie française de 1798.

Saviez-vous que, pendant longtemps, le pourboire a été interdit en Chine ? Mais depuis, cette coutume s'est largement répandue.

Vous trouverez ci-dessous les grandes lignes concernant la politique des pourboires dans les pays qui constituent des destinations vacances populaires et d'affaires ou qui le deviennent de plus en plus.

Un gros ou un petit pourboire ?

Amérique du Nord

Canada

Les frais de service et les pourboires ne sont généralement pas inclus. Il faut prévoir ajouter 15 %, avant taxes (ou l'équivalent du montant de la TPS et de la TVQ au Québec), aux factures des restaurants, bars, cafés, des coiffeurs et des chauffeurs de taxi.

Les portiers et les porteurs s'attendent à recevoir 1 $CAD par bagage (davantage dans les hôtels de luxe).

La femme de chambre recevra 1 $CAD par jour (2 $CAD dans les hôtels de luxe).

États-Unis

Au restaurant, le pourboire se chiffre à 15 % pour le serveur mais peut atteindre 20 % dans les établissements de prestige.

Les chauffeurs de taxi, les barmans et les coiffeurs recevront aussi 15 % de la facture.

Au vestiaire, on laisse habituellement 1 $USD. Les porteurs reçoivent 1 $USD par bagage. Les femmes de chambre s'attendent à recevoir 1 $USD par jour de séjour.

Le concierge d'un grand hôtel reçoit de 5 $USD à 10 $USD, un peu plus si les services qu'il vous rend sont appréciables.

Pour les tours tout compris, les chauffeurs reçoivent environ 10 $USD par jour pour un groupe ; vérifiez toutefois que ce pourboire ne soit pas déjà inclus dans le prix de votre voyage.

Les guides de visite de villes s'attendent à recevoir de 2 $USD à 5 $USD, surtout s'ils ont assuré la description de la visite.

Amérique centrale et Antilles

Anguilla

Environ 10 % de frais sont ajoutés aux factures d'hôtel ; parfois, ce montant sera réparti entre tous les membres du personnel, parfois non. Renseignez-vous à la réception au moment de quitter les lieux.

Des frais de 10 % sont ajoutés aux factures de restaurant.

Les chauffeurs de taxi s'attendent à recevoir un pourboire équivalant à 10 % du prix de la course.

Antigua et Barbuda

Environ 10 % de frais sont ajoutés aux factures d'hôtel et de restaurant.

Il est toutefois habituel de laisser un supplément de 5 % de l'addition du restaurant si vous avez été satisfait du service.

Les chauffeurs de taxi s'attendent à recevoir un pourboire équivalant à 10 % du prix de la course. Les porteurs reçoivent 1 dollar des Antilles par bagage.

Les femmes de chambre reçoivent rarement un pourboire mais, si vous pensez que son travail a été exemplaire, vous pouvez lui laisser entre 2 et 3 dollars des Antilles par nuit. Dans les forfaits avion-hôtel et les formules Club, vous n'êtes pas censé laisser un pourboire à moins de vous être inscrit, dans cet hôtel, par vos propres moyens.

Aruba

De 10 % à 15 % de frais sont ajoutés aux additions des restaurants; en cas de doute, demandez si le service est inclus. S'il ne l'est pas, vous pouvez laisser un pourboire équivalant à 10 %; s'il l'est, le petit extra est à votre discrétion (vous pouvez laisser de la menue monnaie).

Normalement, les hôtels incluent 11 % de frais de service dans leur note. Les portiers et les porteurs reçoivent l'équivalent d'un dollar américain par bagage et les femmes de chambre, l'équivalent d'un dollar américain par jour.

Les chauffeurs de taxi s'attendent à recevoir entre 10 % et 15 % du montant de la course.

Bahamas

Le pourboire est surtout en usage pour les chauffeurs de taxi et les serveurs qui reçoivent 15 % de la facture; les porteurs reçoivent l'équivalent d'un dollar américain par bagage.

La plupart des restaurants et des hôtels incluent automatiquement 15 % de frais de service dans leurs factures.

Barbade

Environ 10 % de frais sont ajoutés aux additions des restaurants et des notes d'hôtel; à votre convenance, vous pouvez ajouter un petit pourboire en appréciation d'un très bon service.

Si, par hasard, les frais ne sont pas inclus dans la facture, laissez entre 10 % et 15 % de la note au serveur, l'équivalent d'un dollar américain par chambre par jour à la femme de chambre et l'équivalent d'un dollar américain par bagage aux porteurs de l'hôtel ou de l'aéroport.

Les chauffeurs de taxi apprécient 10 % du montant de la course.

Bonaire

Dans la plupart des hôtels, les frais de service représentent 10 % à 15 % du montant total. Remettez l'équivalent d'un dollar américain par bagage au porteur.

La plupart des restaurants ajoutent 10 % à 12 % de frais de service à l'addition.

Les chauffeurs de taxi s'attendent à 10 % du montant de la course, mais ce n'est pas une obligation.

Caïmans

Dans les grands hôtels, le service est généralement inclus et atteint habituellement 6 % à 10 % de la note. Les directions des petits établissements, de quelques villas et condos s'attendent à ce que vous laissiez un pourboire.

Au restaurant, 15 % de frais sont inclus automatiquement dans l'addition ; vérifiez bien le total.

Les chauffeurs de taxi s'attendent à un pourboire de 10 % à 15 % du montant de la course.

Cuba

Le personnel des restaurants d'hôtels avec buffet peut recevoir un pourboire de 2 $ à 5 $ selon le service et le nombre de convives ; autrement, vous pouvez laisser entre 10 % et 20 % de la note à la réception.

Les femmes de chambre peuvent recevoir l'équivalent de 50 cents ou 1 $USD et les porteurs seront contents d'obtenir de 50 cents à 1 $USD par bagage.

Un pourboire équivalant à 1 $USD sera apprécié par les guides de musées et de visites, les chauffeurs de taxi ou par toute autre personne qui gardera un œil sur votre véhicule de location.

Les Cubains, qui travaillent dans l'industrie touristique, comptent souvent sur les pourboires pour arrondir leurs fins de mois même si, officiellement, les pourboires ne sont pas autorisés. Donc, soyez discret.

Curaçao

Les hôtels ajoutent 12 % de frais de service et les restaurants, entre 10 % et 15 % à leurs factures ; donc, le pourboire n'est pas attendu. Mais, si vous jugez que le service a été exceptionnel, vous pouvez rajouter 5 % à la note.

Les chauffeurs de taxi reçoivent environ 10 % du prix de la course mais c'est à votre discrétion.

Les porteurs s'attendent à recevoir l'équivalent d'un dollar américain par bagage et le responsable du personnel de l'hôtel, l'équivalent de deux ou trois dollars américains par jour.

Dominique

Des frais de 10 % sont déjà inclus dans les notes d'hôtel et les additions de restaurant. Toutefois, pour souligner un service exceptionnel, vous pouvez laisser un pourboire additionnel de 5 %.

Grenade

La plupart des hôtels et restaurants ajoutent 10 % de frais de service au montant total; si ce n'est pas le cas, faites-le vous-même.

Guadeloupe (la Désirade, les Saintes, Marie-Galante)

La plupart des hôtels incluent de 10 % à 15 % de frais de service dans le prix de la chambre; sinon, ce montant sera ajouté à la note.

Les restaurants sont tenus, par la loi, d'ajouter 15 % aux prix affichés au menu; il n'est donc pas nécessaire de laisser un pourboire supplémentaire, à moins d'un service exceptionnel.

Les porteurs et portiers s'attendent à recevoir un euro.

La plupart des chauffeurs de taxi sont propriétaires de leur véhicule et ne sont donc pas censés recevoir un pourboire mais, en laissant 10 % de la course, vous éviterez les gros yeux.

Îles vierges américaines

La plupart des hôtels ajoutent de 10 % à 15 % de frais de service pour la femme de chambre et les autres membres du personnel. Toutefois, plusieurs hôtels peuvent utiliser une partie de ce montant pour leurs opérations courantes et n'en remettre qu'une infime partie au personnel. Renseignez-vous auprès du personnel (par exemple le chasseur) pour en savoir davantage sur la politique de l'établissement.

Si vous constatez qu'il vaut mieux laisser un pourboire, le porteur appréciera de 50 ¢ à 1 $USD par bagage et la femme de chambre, de 1 $USD à 2 $USD par jour. Si vous faites des demandes particulières au personnel, n'oubliez pas de le remercier d'un dollar ou deux.

Les serveurs et barmans des restaurants s'attendent à recevoir entre 10 % et 15 % de la facture ; vérifiez quand même auprès de la direction, car le service est parfois inclus.

Les chauffeurs de taxi reçoivent en général un pourboire équivalant à 15 % du prix de la course.

Îles vierges britanniques

Les hôtels vous factureront de 5 % à 15 % pour les frais de service, selon leur standing. Les porteurs recevront 1 $USD par bagage.

Au restaurant, des frais de service de 10 % sont parfois inclus dans les additions, mais le client peut laisser un 5 % additionnel s'il a apprécié le service. Si les frais ne sont pas inclus, prévoir un pourboire de 15 %.

Les chauffeurs de taxi ne reçoivent généralement aucun pourboire car ils sont propriétaires de leur véhicule. Toutefois, si vous transportez de nombreux bagages ou s'ils sont encombrants, ajoutez de 10 % à 15 % au prix de la course.

Jamaïque

La plupart des hôtels incluent des frais de 10 % dans la note; si ce n'est pas le cas, un pourboire de 10 % à 20 % sera apprécié. Les chauffeurs de taxi apprécient aussi de 10 % à 20 % du montant de la course.

Martinique

Les restaurants sont tenus, par la loi, d'ajouter 15 % aux prix affichés au menu; il n'est donc pas nécessaire de laisser un pourboire supplémentaire, à moins d'un service exceptionnel.

Les frais de service de 10 % sont inclus dans le prix de la chambre mais quelques hôtels vous les indiqueront, à part, sur la note.

Les porteurs et portiers s'attendent à recevoir un euro.

La plupart des chauffeurs de taxi sont propriétaires de leur véhicule et ne sont donc pas censés recevoir un pourboire mais, en laissant 10 % de la course, vous éviterez les gros yeux.

Porto Rico

Quelques hôtels ajoutent de 10 % à 15 % à la facture; bien vérifier si ces frais sont inclus ou si vous devez les débourser à la réception lors de votre départ.

Des pourboires sont toujours bienvenus, notamment au restaurant (de 15 % à 20 % si le service n'est pas inclus); donnez 1 $USD par bagage aux porteurs, 1 $USD ou 2 $USD par jour à la femme de chambre. Les chauffeurs de taxi s'attendent à recevoir 15 % à 18 % du montant de la course.

République dominicaine

La plupart des hôtels ajoutent de 10 % à 15 % de frais de service au montant total. Vous pouvez ajouter entre 5 % et 10 % de plus pour un service exceptionnel.

Il est habituel de laisser l'équivalent d'un dollar américain à la femme de chambre.

Les chauffeurs de taxi attendent 10 % du prix de la course, particulièrement si vos bagages sont encombrants ou s'ils doivent vous attendre.

Les portiers et porteurs de l'hôtel recevront au moins 10 pesos par bagage.

Saba

Plusieurs des grands hôtels incluent des frais de 10 % à 15 % dans la facture. Renseignez-vous pour voir si c'est le cas du vôtre, sinon laissez un pourboire équivalant à ce montant au moment d'acquitter le prix de votre séjour.

Les restaurants ajoutent des frais de service de 10 % à 15 %.

Toutefois, même si des frais de service sont ajoutés, le personnel de l'hôtel et des restaurants, tout comme les chauffeurs de taxi, s'attendent à recevoir un pourboire de 10 % à 15 %.

Saint-Barthélemy

La plupart des hôtels incluent des frais de service de 10 % à 15 % dans leurs tarifs affichés.

Les restaurants sont tenus, par la loi, d'ajouter 15 % aux prix affichés au menu ; il n'est donc pas nécessaire de laisser un pourboire supplémentaire, à moins d'un service exceptionnel. Vous pouvez laisser de la menue monnaie.

La plupart des chauffeurs de taxi ne s'attendent pas à recevoir un pourboire.

St. Eustatius (Statia)

Les hôtels demandent des frais de service de 10 % à 15 % qui peuvent être inclus ou non dans les prix affichés.

La plupart des restaurants ajoutent de 10 % à 15 % à l'addition mais rien ne vous empêche de laisser de la menue monnaie aux serveurs.

Les femmes de chambre, les membres du personnel, tout comme les chauffeurs de taxi s'attendent à recevoir un pourboire. Vous pouvez laisser 10 % de la course au chauffeur de taxi et l'équivalent d'un dollar américain par jour au personnel de l'hôtel (notamment la femme de chambre et le portier).

Saint-Kitts et Nevis

Les hôtels demandent des frais de service de 10 % ; les restaurants demandent à peu près la même chose. Pour vous en assurer, vérifiez les menus ; cela devrait être inscrit. Si ce n'est pas le cas, laissez 15 % de l'addition.

Les chauffeurs de taxi s'attendent à recevoir environ 10 % du montant de la course, les porteurs, l'équivalent d'un dollar américain par bagage et, si le service est exemplaire, vous pouvez laisser l'équivalent de 3 $USD ou 4 $USD au responsable du service aux chambres.

Sainte-Lucie

La plupart des restaurants ajoutent 10 % de frais de service à leurs prix. Si ce n'est pas le cas, vous pouvez laisser un pourboire de 10 % à 12 % si le service a été approprié.

Les porteurs attendent l'équivalent d'un dollar américain par bagage. Toutefois, les grandes chaînes d'hôtels qui proposent des forfaits tout inclus n'ont pas de politique en la matière.

Les chauffeurs de taxi apprécient de 10 % à 15 % du montant de la course.

Saint-Martin et Sint Maarten

Dans la plupart des restaurants de l'île, les frais de service sont inclus.

Du côté français, les restaurants sont tenus, par la loi, d'ajouter 15 % aux prix affichés au menu ; il n'est donc pas nécessaire de laisser un pourboire supplémentaire, à moins d'un service exceptionnel. Vous pouvez donner de la menue monnaie.

Du côté hollandais, la plupart des restaurants ajoutent de 10 % à 15 % à l'addition.

Par contre, les chauffeurs de taxi, femmes de chambre et placiers de restaurant s'attendent à un pourboire, tant du côté français qu'hollandais, correspondant à un montant de 10 % à 15 % de la facture.

Les porteurs attendent 1 euro par bagage, côté français, et l'équivalent en florin, côté hollandais. Les femmes de chambre recevront environ 5 euros la nuit, côté français ; le même montant est requis en florin du côté hollandais.

Saint-Vincent et les Grenadines

Les hôtels et restaurants ajoutent généralement 10 % de frais de service à leurs prix. Si ce n'est pas le cas, ajoutez-les au moment de régler. Toutefois, un pourboire est attendu si l'on vous rend un service particulier.

Trinité-et-Tobago

Presque tous les hôtels ajoutent de 10 % à 15 % à la note. Presque tous les restaurants font de même en ajoutant le même montant à l'addition.

Si vous constatez que ces frais de service n'ont pas été ajoutés, faites-le vous-même.

Les chauffeurs de taxi attendent environ 10 % du montant de la course.

Dans les bars, le pourboire est optionnel mais le personnel des petits établissements vous sera reconnaissant si vous oubliez votre petite monnaie sur le coin du zinc.

Turks et Caïques

Les hôtels ajoutent de 10 % à 15 % à la note.

Au restaurant, des frais de service de 15 % sont raisonnables s'ils ne sont pas inclus.

Les chauffeurs de taxi apprécient 10 % du montant de la course.

Amérique centrale

Belize

Il est inhabituel de donner des pourboires au Belize étant donné que des frais de service sont ajoutés à la plupart des additions de restaurant et de bar.

Costa Rica

Les restaurants ajoutent 10 % de frais de service à la note ; parfois, ce montant est inclus dans les prix affichés au menu, parfois non. Une gratification supplémentaire n'est pas attendue, surtout dans les restaurants bas de gamme, mais les clients laissent parfois un peu de monnaie lorsque le service a été rapide et courtois.

Venezuela

Les restaurants ajoutent environ 10 % à la note mais le personnel espère que vous laisserez 10 % de plus.

Les porteurs des hôtels, les guides touristiques et les coiffeurs reçoivent un pourboire d'environ 10 % du montant de la note.

Les chauffeurs de taxi ne s'attendent à rien, à moins qu'ils ne vous aident à charger vos nombreux bagages.

Mexique

Lorsque l'on donne un pourboire au Mexique, il ne faut jamais oublier que le salaire minimum est de 3 $USD par jour et que la plupart des employés qui travaillent dans l'industrie touristique vivent près du seuil de pauvreté.

Toutefois, plusieurs Mexicains connaissent très bien les normes en vigueur chez leurs voisins du nord (Canada et États-Unis), notamment les porteurs des hôtels qui espèrent recevoir 2 $ (en pesos mexicains équivalents) par bagage; ils peuvent vous faire des remontrances si vous leur en laissez moins. C'est à vous de décider.

Les porteurs des aéroports et ceux des hôtels de moyenne importance s'attendent à l'équivalent d'un dollar américain par bagage.

Panama

Dans les restaurants, vous devriez laisser un pourboire d'environ 10 %.

Amérique du Sud

Brésil

Les salaires sont parfois dérisoires et vous voudrez parfois faire preuve d'un peu de générosité. À l'hôtel, vous serez bien vu si vous donnez vos pourboires en dollars américains (des billets, pas de la petite monnaie!)

Au restaurant, des frais de service de 10 % sont ajoutés mais vous pouvez laisser un montant supplémentaire de 5 % au serveur. Si vous constatez qu'il n'y a pas de frais de service, laissez 15 % du total de l'addition.

Dans les hôtels de luxe, les porteurs apprécieront l'équivalent d'un dollar américain par bagage, les femmes de chambre 1 $USD par nuit, l'employé du service sera heureux de recevoir entre 2 $USD et 3 $USD par jour.

Les portiers et concierges recevront un pourboire s'ils vous rendent des services particuliers, par exemple appeler vos taxis, vous renseigner sur les boîtes de nuit et les restaurants des alentours, poster vos cartes postales, etc. Vous pourriez leur laisser entre 5 $USD et 10 $USD par semaine, selon les services rendus. Dans les hôtels plus modestes, un pourboire minimum pour chaque service rendu sera apprécié.

Si le chauffeur de taxi vous aide à transporter vos bagages, prévoyez un surplus d'environ 75 centavos par bagage. Le pourboire offert généralement à un chauffeur de taxi est de 10 % du prix de la course.

À la station-service, si un pompiste s'occupe de faire le plein de votre véhicule, laissez-lui un peu de monnaie.

Dans les bars, les cafés, les restaurants, suivez la règle du 10 %, sauf si vous ne consommez qu'un café ou une bière dans un bar; à ce moment-là, le pourboire n'est pas nécessaire.

À l'aéroport, un porteur s'attend à recevoir environ 1 real par bagage; à la gare, à la station d'autocars, le porteur recevra 50 centavos.

Les enfants mendiants des grandes villes vous accosteront souvent; vous pouvez leur laisser environ 50 centavos. Mais attention! Si vous commencez, vous pourriez voir débarquer des dizaines de gamins des rues.

Chili

Au restaurant, le pourboire normal est d'environ 10 %, et un peu plus si le service a été courtois et rapide.

Les chauffeurs de taxi n'espèrent pas de pourboire car ils sont généralement propriétaires de leurs véhicules. Mais si vous demandez un taxi pour faire un tour de ville, vous pouvez lui laisser 20 % du montant convenu de la visite.

Les porteurs, portiers et chasseurs recevront l'équivalent de 1 $USD.

Europe

Allemagne

Les frais de service connus sous le nom de *Bedienung* sont inclus dans tous les prix des restaurants. Néanmoins, les clients ont l'habitude d'arrondir la note à l'euro supérieur ou de laisser 5 % au serveur. On lui remet en mains propres; on ne laisse pas l'argent sur la table, geste qui est mal vu.

Les serveurs de bar reçoivent aussi de 2 % à 5 % du montant de l'addition.

À l'hôtel, les frais de service incluent la plupart des pourboires des employés mais vous pouvez donner 1 € par bagage au porteur et au chasseur. Il est aussi de coutume de laisser de la petite monnaie (environ 1 € la nuit) à la femme de chambre. Au vestiaire, le pourboire dépend de votre bonne volonté et du service que l'on vous a rendu.

Pour les chauffeurs de taxi, la coutume consiste à arrondir le montant de la course à l'euro supérieur. Un pourboire n'est donné que si vous avez de lourds bagages.

Le pompiste de la station-service s'attend à recevoir entre 0,25 € et 0,50 € puisqu'il vérifiera l'huile et nettoiera le pare-brise.

Andorre

Dans les restaurants et les cafés, les additions sont majorées de 10 % à 15 % pour les frais de service. La coutume veut que le client laisse le même montant au serveur, mais ce n'est pas obligatoire.

Autriche

Dans les restaurants, 10 % de frais de service sont inclus dans l'addition. Vous pouvez ajouter entre 0,35 € et 0,65 € ou 5 %, selon la catégorie du restaurant et le montant de l'addition. Précisez au serveur le montant que vous lui laisserez à la caisse du restaurant. En Autriche, comme en Allemagne, on ne laisse jamais l'argent sur la table.

Dans les gares et les hôtels, les porteurs ou les chasseurs, selon le cas, reçoivent habituellement entre 0,70 € et 0,75 € par bagage.

Les portiers obtiennent 1,45 € pour vous héler un taxi ou pour vous aider à mettre les bagages dans le coffre de votre voiture de location.

Le service aux chambres est gratifié de 1,45 € lorsque vous commandez des en-cas et de 1,45 € à 2,90 € lorsque votre repas est servi à la chambre. Dans les établissements de luxe, prévoyez des montants plus élevés.

La femme de chambre ne s'attend pas à recevoir de pourboire, à moins que vous ne restiez une semaine ou plus à l'hôtel et qu'elle vous ait rendu de précieux services.

Belgique

« Le service est compris » dira la note au restaurant et à l'hôtel. C'est également le cas dans les taxis.

Les porteurs de gare reçoivent 0,75 € par bagage les jours de semaine, et 1 € par bagage les fins de semaine.

Les chasseurs et les portiers reçoivent un pourboire d'environ 2,50 €.

Au théâtre, à l'opéra, au cinéma, il est recommandé de donner 0,50 € à l'ouvreuse, qu'elle vous ait conduit ou non à votre siège.

N'oubliez pas de laisser 0,25 € à la « dame pipi » des toilettes publiques.

Les portiers des bars, boîtes de nuit, des discothèques s'attendent à recevoir 1,25 €.

Chypre

Des frais de service de 10 % sont inclus dans les factures; si le service vous a particulièrement satisfait, vous pouvez ajouter 5 % à la note.

Écosse

Plusieurs restaurants et la plupart des hôtels ajoutent de 10 % à 15 % aux factures et, conséquemment, aucun pourboire n'est espéré par le personnel. Si le service n'est pas indiqué, ajoutez de 10 % à 15 % au total de l'addition, à moins d'être particulièrement déçu du service.

Les chauffeurs de taxi, les coiffeurs et coiffeuses s'attendent aussi à recevoir de 10 % à 15 % du montant facturé.

Les ouvreuses au théâtre, au cinéma, le responsable des ascenceurs ou les serveurs de pub ne s'attendent pas à recevoir un pourboire.

Espagne (Canaries, Baléares)

Les serveurs, porteurs et chauffeurs de taxi apprécient les pourboires mais pas au tarif nord-américain.

Selon la loi, les restaurants et les hôtels n'ont pas le droit d'ajouter de frais de service aux factures mais, paradoxalement, vous verrez parfois cette phrase sur la facture : *servicios e impuestos incluídos* (service et taxes compris). Dans les restaurants, ignorez cette information et laissez 10 % du montant de la facture si vous avez pris un repas complet. Dans les petits bars à tapas, les cafés et les petits restos du coin, laissez de 5 % à 10 % ou arrondissez à l'euro supérieur.

Le pourboire convenable pour un chauffeur de taxi qui utilise un taximètre est de 5 % à 10 % du montant de la course. Si le tarif a été fixé d'avance, un pourboire n'est pas nécessaire.

Les porteurs à la gare ou à l'aéroport reçoivent habituellement un montant fixe de 0,50 € par bagage.

Le porteur de l'hôtel aura entre 0,50 € et 1 € pour transporter vos bagages et le service aux chambres sera gratifié du même montant.

Si vous restez à l'hôtel plus de deux nuits, la coutume veut qu'on donne 0,60 € par nuit à la femme de chambre.

France (Corse)

Les notes des bars et des restaurants affichent la mention « Service compris » mais la coutume veut que vous laissiez la menue monnaie si vous êtes satisfait. Les montants varient de 1,50 € à 4,50 € selon le type de repas consommé.

Pour les chauffeurs de taxi et les coiffeurs, prévoyez un pourboire de 10 %.

Aux ouvreuses au théâtre, à l'opéra, au cinéma, etc., laissez 0,30 €.

Au vestiaire, vous verrez peut-être un pictogramme indiquant que le pourboire est interdit; dans ce cas, ne donnez rien, sinon laissez 0,75 €.

À la « dame pipi », l'usage veut qu'on laisse 0,30 €.

Le chasseur de l'hôtel recevra 1,50 € par bagage. Si vous demeurez dans un hôtel de catégorie moyenne pour plus de deux nuits, la coutume veut qu'on laisse un pourboire de 1,50 € par jour à la femme de chambre.

Pour le service aux chambres, 1,50 € est prévu mais rien pour le petit-déjeuner servi aux chambres.

À la station-service, le pompiste ne recevra rien s'il ne vous sert que l'essence ou le diesel, mais vous lui donnerez entre 0,75 € et 1,50 € s'il vérifie vos pneus, l'huile et nettoie le pare-brise.

Dans les gares et aéroports, le tarif est fixe : 1,50 € par bagage.

Les guides de musée apprécient entre 0,75 € et 1,50 € pour une visite guidée. Les chauffeurs et guides accompagnateurs, dans les tours de ville en autobus, reçoivent 1,50 € à la fin de l'excursion.

Grande-Bretagne

Plusieurs restaurants et la plupart des hôtels exigent des frais de service de 10 % à 15 %. Si cela n'est pas indiqué sur la facture, laissez de 10 % à 15 % du montant de l'addition, à moins que le service n'ait vraiment laissé à désirer.

Pour les chauffeurs de taxi, le montant du pourboire non obligatoire sera de 10 % à 15 % du prix de la course.

Les ouvreuses de théâtre, d'opéra, de cinéma, les responsables des ascenceurs et les serveurs des pubs ne s'attendent pas à recevoir un pourboire.

Les coiffeurs et coiffeuses recevront entre 10 % et 15 % du montant payé.

Grèce

La loi atteste que le service est inclus dans le prix du repas ; toutefois, à moins que le service ne soit vraiment désolant, la coutume veut qu'on laisse entre 8 % et 10 % de plus. Durant la Noël et la Pâque orthodoxes, les restaurants ajoutent 18 % à l'addition, montant qui reviendra aux serveurs.

Les porteurs reçoivent en moyenne 0,60 € par bagage et, dans les hôtels, les femmes de chambre reçoivent 0,60 € par jour.

Les chauffeurs de taxi ont l'habitude d'arrondir le montant de la course à l'euro supérieur.

Les coiffeurs et coiffeuses s'attendent à un pourboire représentant 10 % de la facture. Au théâtre, les placeurs reçoivent 0,60 € et, au cinéma, 0,30 €, s'ils vous remettent le programme de la soirée.

En croisière, le personnel de cabine et celui des salles à manger s'attendent à recevoir environ 1,80 € par jour et les guides, la même chose.

Irlande

Plusieurs hôtels et restaurants imposent des frais de service d'environ 12 %, intégrés à la facture ; un pourboire n'est donc pas nécessaire à moins d'avoir obtenu un service particulièrement bon. Par contre, si les frais de service ne sont pas inclus, il convient de rajouter un minimum de 10 % au total de la facture.

On ne donne rien dans les pubs ; par contre, le serveur du bar de l'hôtel s'attend à recevoir 0,65 €.

Les chauffeurs de taxi, qui utilisent un taximètre, reçoivent environ 10 % du montant de la course. Si vous utilisez un taxi pour la journée, donc à un tarif négocié d'avance, un pourboire n'est pas de mise, à moins que le chauffeur ne vous ait aussi servi de guide touristique (avec ou sans votre accord).

Dans les hôtels de luxe, les porteurs et portiers s'attendent à recevoir 1,30 € ; dans les autres types d'hôtel, 0,65 € est un pourboire approprié.

Les coiffeurs reçoivent normalement un pourboire de 1,30 €.

Italie

L'usage du pourboire dépend de l'endroit où vous vous trouvez. Les Italiens donnent peu dans les petites villes et même rien dans les cafés et taxis de Rome.

Toutefois, dans les villes touristiques, 15 % de frais de service sont ajoutés à l'addition du restaurant et le serveur s'attend à recevoir un pourboire additonnel, entre 5 % et 10 %, selon la qualité du service et du repas.

Des frais sont aussi inclus dans les notes d'hôtel mais un petit pourboire au personnel est toujours apprécié. En général, dans les hôtels de catégorie moyenne, les femmes de chambre devraient recevoir environ 0,74 € par jour ou de 4 € à 5 € par semaine et les porteurs, entre 0,50 et 1 €.

Le valet et le préposé aux chambres peuvent recevoir 0,50 € ; le serveur qui vous apporte le petit-déjeuner à la chambre peut recevoir 0,25 € par repas que vous lui remettrez globalement à la fin du séjour. Ces montants peuvent être augmentés de 40 % dans les hôtels plus chers, et doubler dans les hôtels de luxe.

Le concierge recevra environ 15 % de la note pour ses services ; le portier se verra remettre 0,25 € s'il vous appelle un taxi.

Les chaffeurs de taxi se satisfont généralement de 5 % à 10 % du prix de la course car les Italiens leur offrent rarement un pourboire.

Les porteurs à la gare et à l'aéroport ont un taux fixe par bagage mais vous pouvez ajouter 0,25 € par personne et davantage si votre porteur doit transporter beaucoup de vos effets.

À la station-service, le pompiste recevra 0,50 € s'il vérifie les pneus, l'huile et nettoie le pare-brise.

Les guides de visites reçoivent 1 € par personne par demi-journée, plus s'ils vous ont vivement intéressé.

Malte

Un pourboire de 10 % est la norme, au restaurant, quand le service n'est pas inclus.

Pays-Bas

Les hôtels et restaurants ajoutent presque toujours de 10 % à 15 % de frais de service.

Le portier de l'hôtel appréciera entre 1 € et 1,50 € pour vous appeler un taxi. Les chasseurs des grands hôtels apprécient 0,90 € par bagage transporté. Au vestiaire, laissez environ 0,50 € et la « dame pipi » s'attend à 0,25 €.

La plupart des taxis qui circulent en ville ont déjà inclus un certain montant pour les pourboires dans celui du départ de la course, mais il convient que le client arrondisse la somme remise à l'euro supérieur.

Portugal (Madère et les Açores)

Le service est compris dans la plupart des notes d'hôtels et de restaurants. Si ce n'est pas le cas, laissez entre 5 % et 10 %, sauf dans les petits troquets où vous pouvez déposer un peu de monnaie sur le coin de la table.

Vous pouvez laisser au porteur de l'hôtel environ 1 € par bagage et le même montant à la femme de chambre.

Si vous prenez la majorité de vos repas à l'hôtel, vous pouvez laisser entre 2,50 et 5 € au serveur, à la fin de votre séjour. Laissez un peu moins au sommelier si vous avez pris du vin chaque repas.

Les chauffeurs de taxi recevront 10 % du montant de la course, les placeurs au théâtre et au cinéma, environ 0,25 €, les porteurs dans les gares et les aéroports, environ 0,50 € par bagage, et les coiffeurs et coiffeuses, environ 10 % de la facture.

Russie

Les hôtels et les restaurants des grandes villes incluent des frais de service d'environ 15 % dans leurs tarifs mais l'habitude ne s'est pas encore étendue à toute la Russie.

Dans les bars et les clubs privés, les serveurs s'attendent à un pourboire d'environ 10 % du montant de la note, tout comme les sommeliers des bons restaurants.

Si le prix du taxi est convenu à l'avance, aucun pourboire n'est nécessaire, sinon il correspondra à 10 % du montant de la course.

Les porteurs, les responsables des vestiaires apprécieront quelques roubles supplémentaires.

Lors des visites, guides et chauffeurs d'autocar s'attendent aussi à recevoir un pourboire.

Attention: les guides touristiques des bateaux de croisière, sur la Volga, reçoivent généralement entre 25 € et 30 € et cela est obligatoire. Renseignez-vous!

Suisse

Presque tous les restaurants incluent des frais de service de 15 % dans les prix de leur menu mais un petit pourboire est toujours le bienvenu; prévoyez 1 franc suisse par personne pour un repas dans un restaurant de catégorie moyenne. Dans les grands restos, ce montant varie de 5 CHF à 10 CHF; dans un restaurant gastronomique, prévoir un minimum de 10 CHF. Si cela est possible, payez le pourboire en argent comptant et non par carte de crédit.

La «dame pipi» reçoit aussi 1 CHF; la femme de chambre de l'hôtel, 2 CHF. Au théâtre, à l'opéra, le placeur reçoit 2 CHF.

Le porteur et le portier de l'hôtel reçoivent généralement 2 CHF par bagage dans les hôtels chics et 1 CHF, ailleurs.

Le porteur de l'aéroport reçoit 5 CHF par bagage.

Turquie

Sauf dans les gargotes, des frais de service de 10 % à 15 % sont inclus dans tous les prix des restaurants mais, puisqu'il n'est pas garanti que cet argent sera remis au serveur, vous pouvez lui laisser environ 10 % de la note sur la table ou les lui remettre en mains propres. Dans les restaurants plus chics, les serveurs s'attendent à un pourboire d'environ 15 % de la note.

Les porteurs d'hôtels reçoivent l'équivalent de 1 $USD par bagage et la femme de chambre, environ 2 $USD.

Les chauffeurs de taxi ne s'attendent pas à un pourboire ; donc, ils sont parfois supris quand les étrangers leur en laissent un. Vous pouvez toutefois arrondir la course au 100 000 liras turcs près.

En Turquie, le personnel des hammams (bains publics) espère entre 25 % et 30 % de la note. Ne craignez rien ! Vous n'oublierez pas car on vous le rappellera au moment de quitter les lieux.

Afrique et Moyen-Orient

Afrique du Sud

Le pourboire fait tout à fait partie de la vie sud-africaine et tous les services qu'on vous rend doivent être reconnus par ce moyen.

À la station-service, vous n'aurez pas le choix de faire affaire avec un pompiste car les libres-services n'existent pas. Il s'attend donc à recevoir entre 2 rands et 3 rands, surtout s'il nettoie votre pare-brise, vérifie l'huile et le radiateur.

Au restaurant, le montant du pourboire dépend de la qualité du service mais 10 % du montant total est la norme, à moins, bien entendu, que le service soit déjà ajouté à la note.

Le même montant de 10 % sera donné aux barmans, aux chauffeurs de taxi et aux guides de tours de ville.

Le portier de l'hôtel reçoit entre 1,50 ZAR et 2 ZAR par bagage. Les surveillants de stationnement qui œuvrent dans les grandes villes et la plupart des zones touristiques s'attendent à être remerciés pour avoir gardé votre véhicule à l'œil; quelques rands feront l'affaire.

À la fin de votre séjour dans un établissement de luxe, il est coutumier de laisser un montant au garde de sécurité. Ce montant varie selon les établissements mais peut se chiffrer à environ 10 $USD par personne, par jour. Un autre montant de 25 $USD, pour un couple séjournant deux jours, est à prévoir pour fins de remise à tout le personnel.

Égypte

Bakchich est un mot que tous les voyageurs connaissent quand ils se rendent au Moyen-Orient. Il signifie « pourboire » et tout le monde s'attend à en recevoir pour le moindre petit service. Il est donc important, pour le voyageur, d'avoir de la menue monnaie dans le fond de ses poches pour les porteurs, chauffeurs de taxi, portiers, etc.

Il n'est pas nécessaire de donner de gros montants; un petit pourboire suffit à vous attirer les bonnes grâces. La coutume veut qu'on laisse environ 10 % (avant taxes) du montant de la note au restaurant, même si celle-ci contient déjà 12 % de frais de service.

Pour les taxis, le pourboire est inclus au montant de départ mais un petit extra, pour un chauffeur particulièrement serviable, est toujours recommandé.

Les pompistes et les placeurs, au théâtre et au cinéma, s'attendent à 0,50 EGP, voire 1 EGP (1 livre).

Votre guide touristique appréciera entre 5 EGP et 10 EGP, selon la longueur de la visite.

Dans les hôtels, le montant varie selon la catégorie. Dans les hôtels cinq étoiles, 10 EGP peuvent être laissés au porteur surtout si vous avez beaucoup de bagages, moins dans les hôtels de catégories inférieures.

Les femmes de chambre apprécient 5 EGP chaque jour, mais cela dépend évidemment de la qualité de son service.

Le service aux chambres, tout comme le serveur du restaurant, s'attend à recevoir 10 % de la note.

Israël

Les règles sont assez souples en ce qui concerne les pourboires. Les chauffeurs de taxi n'en espèrent pas mais un petit quelque chose pour leurs bons services est apprécié. Si vous avez négocié la course avant de partir, le chauffeur présume que son pourboire est inclus.

Au restaurant, il n'y a pas de frais de service inclus ; un pourboire équivalant à 10 % de la note est de mise.

Les chasseurs de l'hôtel espèrent entre 8 ILS et 10 ILS (shekels) en tout, et non par bagage. Il convient de laisser 4 ILS par jour au personnel de l'hôtel.

Les guides touristiques et le chauffeur des tours de ville reçoivent généralement un pourboire. Pour les groupes, la norme est de 20 ILS à 25 ILS par personne, par jour, pour le guide et la moitié de ce montant pour le chauffeur. Les guides privés reçoivent entre 82 ILS et 102 ILS par jour.

Un petit pourboire est de rigueur pour la personne qui vous lave les cheveux et pour la coiffeuse, à moins qu'elle ne soit propriétaire de son salon.

Maroc

Les serveurs reçoivent toujours 10 % de l'addition. Dans les cafés, le pourboire est d'environ 1 MAD ou 2 MAD (dirhams) par personne.

Les porteurs d'hôtels ou d'ailleurs apprécient entre 5 MAD et 10 MAD. Il est coutumier de laisser entre 1 MAD et 2 MAD à toute personne qui vous rend service, par exemple celle qui s'occupe du vestiaire d'un restaurant ou du stationnement.

Réunion (la)

Les pourboires à la Réunion équivalent à ceux de la France.

Seychelles (les)

La coutume veut qu'on donne de 5 % à 10 % du montant de la note dans les restaurants, les hôtels ainsi qu'aux chauffeurs de taxi.

Tunisie

Les pourboires sont bienvenus dans tout le pays. Les serveurs des restaurants apprécient 10 % de la note. N'oubliez pas les porteurs de bagages. Pour ne pas vous tromper, prévoyez 10 % de tous les montants facturés pour le service.

Asie

Chine

Autrefois, le pourboire était inconnu en Chine, ce qui n'est plus le cas avec l'ouverture au tourisme. Dans les restaurants, 3 % de frais de service sont facturés et cela peut aller jusqu'à 10 %, à Hong-Kong.

Les chasseurs et le personnel du service aux chambres s'attendent à 10 CNY ou 20 CNY (yuan, l'équivalent de 1 $USD ou 2 $USD).

Il n'est pas nécessaire de laisser un pourboire aux chauffeurs de taxi mais un peu de monnaie fait toujours plaisir.

À Hong-Kong, les chauffeurs de taxi vous compteront 5 HKD par bagage chargé dans le véhicule.

Les guides touristiques ne s'attendent pas à un pourboire mais vous pouvez leur donner de petits cadeaux, par exemple un t-shirt ou des friandises, du vernis à ongles ou du rouge à lèvres pour les femmes.

Inde

La plupart des grands hôtels perçoivent 10 % de frais de service sur les factures. C'est également le montant qu'il est conseillé de laisser aux serveurs des restaurants.

Le personnel du service aux chambres, le concierge, le portier, le porteur s'attendent aussi à un pourboire d'environ 20 INR (roupies) par nuit. Le chasseur et son chef recevront 10 INR par bagage. Pour le service aux chambres, prévoyez 10 % de la note. Le concierge appréciera 5 INR s'il vous appelle un taxi.

À la gare et à l'aéroport, entre 5 INR et 10 INR sont requis pour le porteur, selon le poids de vos bagages ; à vous de négocier avant que l'on vous enlève vos bagages des mains.

Les chauffeurs de taxi ne s'attendent à rien à moins d'avoir connu des difficultés de circulation pour rejoindre votre destination. Dans ce cas, entre 5 INR et 10 INR seront appréciés. Si vous embauchez un chauffeur de taxi pour la journée, prévoyez ajouter un pourboire entre 50 INR et 100 INR, selon la distance que vous comptez parcourir.

Si vous embauchez un guide local, prévoyez laisser 40 INR pour la demi-journée ou 80 INR par jour.

En général, un pourboire moyen de 10 INR est suffisant pour les chauffeurs de taxi, les portiers et les porteurs qui montent les gros bagages dans les autocars pour les longs trajets.

Indonésie

Les hôtels de moyenne et grande catégories facturent 21 % de frais, dont 10 % de taxes gouvernementales ; ces 10 % sont aussi ajoutés aux notes des hôtels de moindres catégories.

Les restaurants les plus chers incluent des frais de service ; si ce n'est pas le cas, la coutume permet de laisser 10 % de l'addition.

En plus des frais de l'hôtel, prévoyez laisser au chasseur environ 10 800 IDR (roupies) par bagage ; vous pouvez laisser le même montant au personnel du service aux chambres, surtout si vous avez besoin de services particuliers.

À l'aéroport, un montant d'environ 5 400 IDR par bagage constitue une bonne moyenne.

Les chauffeurs de taxi ne s'attendent pas à recevoir un pourboire, sauf à Jakarta et Surabay, où la somme de 500 IDR est un minimum requis.

Si vous louez un taxi ou engagez un chauffeur pour la journée, vous devrez lui laisser, en plus du montant négocié, un pourboire quotidien de 21 600 IDR.

Les guides privés reçoivent entre 32 400 IDR et 54 000 IDR par jour.

Japon

Il n'est pas d'usage de donner des pourboires ; les autorités découragent cette pratique. Toutefois, des frais de service sont ajoutés aux notes des hôtels et aux additions des restaurants.

Un petit cadeau personnel, qui vous sera d'abord refusé, est apprécié par la femme de chambre ou le chasseur.

Attention : en certaines occasions, le pourboire peut même être considéré comme une insulte.

Macao

Il n'est pas d'usage de laisser des pourboires à Macao. Le service est généralement compris dans la plupart des restaurants mais vous pouvez remercier un serveur diligent, un chauffeur de taxi efficace et une femme de chambre soignée en lui laissant un peu de monnaie.

Philippines

Les notes des hôtels sont majorées de 10 % pour le service et d'une taxe gouvernementale de 10,75 %.

Pour les chasseurs ou les porteurs, prévoyez entre 10 PHP et 30 PHP (pesos), selon le nombre de bagages.

Singapour

Le pourboire n'est pas une coutume à Singapour. Il est même interdit à l'aéroport et déconseillé dans les hôtels où des frais de service de 10 % sont ajoutés aux prix des chambres pour éviter que vous ayez à donner un montant supplémentaire à la femme de chambre.

Toutefois, il n'est pas interdit de laisser 1 SGD (dollar de Singapour) par bagage au chasseur.

Le personnel du restaurant ne reçoit pas un pourcentage des frais de service, sauf dans les établissements plus huppés et progressistes qui veulent garder leurs serveurs et leurs femmes de chambre.

Les chauffeurs de taxi ne reçoivent aucun pourboire de la part des Singapouriens, mais ils en espèrent de celle des touristes.

Thaïlande

La plupart des grands hôtels exigent des frais de service, tout comme les grands restaurants, sinon vous devez laisser un pourboire. Toutefois, en Thaïlande, le pourboire est donné pour souligner un bon service, et non pas par routine, sauf si les prix sont négociés d'avance et, dans ce cas, il n'est pas nécessaire.

Les chauffeurs de taxi ne reçoivent pas de pourboire car ils sont propriétaires de leur voiture, à moins d'avoir été engagés pour vous emmener en excursion. Toutefois, à Bangkok, pour les taxis qui fonctionnent au taximètre, il convient d'arrondir le montant de la course de 5 THB (bahts).

Les portiers d'hôtel espèrent au moins 20 THB.

Un pourboire de 10 % est apprécié dans les restaurants si le service n'est pas compris dans le prix de l'addition.

Tibet

Le pourboire ne fait pas partie de la tradition tibétaine. Le personnel des restaurants et les chauffeurs de taxi n'en attendent pas. Dans les grands hôtels toutefois, des frais de service de 15 % sont ajoutés à la note. Vous pouvez donner un pourboire à votre guide touristique et au chauffeur de l'autocar d'excursion.

Vietnam

Le pourboire n'est pas une norme au Vietnam mais tend toutefois à se populariser. Des frais de service de 10 % sont ajoutés aux factures; si ce n'est pas le cas, vous pouvez laisser entre 5 % et 10 % du total pour le personnel.

Les conducteurs de cyclo-pousse et les chasseurs des hôtels apprécient aussi un pourboire. Si vous allez dans le nord du pays, toutefois, vous constaterez que certains employés refusent les pourboires; certains avec force gesticulations, d'autres avec un sourire. Sachez décrypter ces comportements!

Océanie

Australie

Les hôtels et les restaurants n'ajoutent pas de frais de service, mais la coutume est largement répandue de laisser entre 10 % et 12 % du montant de l'addition au serveur. Toutefois, beaucoup d'Australiens considèrent que 3 $AUD ou 4 $AUD (dollars australiens) suffisent.

Il n'est pas nécessaire de laisser un pourboire au portier même s'il transporte votre valise jusqu'au lobby de l'hôtel, mais vous pouvez laisser 1 $AUD par bagage au porteur.

Le personnel du service aux chambres et la femme de chambre ne reçoivent pas de pourboire, sauf services exceptionnels.

Les chauffeurs de taxi n'ont pas de pourboire, mais vous pouvez leur donner un peu de monnaie.

Les guides touristiques, les chauffeurs d'autocars touristiques n'attendent pas de pourboire mais ils seront reconnaissants si quelqu'un du groupe songe à ramasser quelques dollars pour les leur remettre.

Les employés des salons de coiffure et les ouvreurs au théâtre et au cinéma ne reçoivent pas de pourboire.

Nouvelle-Zélande

La coutume du pourboire n'est pas très largement répandue en Nouvelle-Zélande. Seuls les meilleurs restaurants et les hôtels de classe internationale espèrent que vous saurez montrer votre appréciation du service en laissant 10 % de la note pour le personnel.

Les chauffeurs de taxi apprécient que vous arrondissiez le montant de la course à la tranche de 5 $NZD supérieure, mais ce n'est pas une obligation.

Les porteurs reçoivent en général 1 $NZD. La plupart des autres employés de service comme les ouvreurs de théâtre et de cinéma, les pompistes, les coiffeurs se demanderont sûrement ce que vous faites si vous voulez leur donner un pourboire.

Nouvelle-Calédonie

La pratique du pourboire n'a pas cours sur ce territoire d'outre-mer. Mais personne ne se vexera si vous en laissez un.

Maldives (les)

Selon la qualité du service, vous pouvez laisser de 2 $USD à 3 $USD par semaine pour le personnel hôtelier et les serveurs. À l'aéroport, les pourboires sont interdits.

Polynésie française

Les pourboires ne sont pas interdits mais ne font pas partie des usages. Un pourboire discret est toujours apprécié. En fait, le pourboire est même suspect aux yeux des Tahitiens et certaines personnes le considèrent comme une insulte aux lois de l'hospitalité.

Seuls les établissements fréquentés majoritairement par les étrangers commencent à pratiquer l'usage du pourboire.

Des us et coutumes
à respecter

Les us, les coutumes, les règles et les lois diffèrent dans le monde et, notamment, en ce qui concerne les femmes.

390 Allemagne

- Les Allemands sont très ponctuels ; soyez-le aussi. N'arrivez jamais en retard à un rendez-vous d'affaires mais plutôt avec 10 minutes d'avance.

- Au restaurant, si la salle est pleine, vous pouvez demander à partager la table d'un inconnu. Le mieux est de dire *Ist hier noch frei ?* (est-ce libre ?) avant de vous installer.

- Vous voulez offrir des fleurs à votre hôtesse ? Enlevez le papier d'emballage avant de sonner à sa porte. N'appelez jamais une femme non mariée *Fräulein* (mademoiselle) ; cette appellation est réservée aux jeunes filles et non aux vieilles filles !

391 Arabie Saoudite

- Les femmes seules ne peuvent pas conduire de voiture ; elles doivent avoir un chauffeur de sexe masculin. Donc, inutile d'essayer de louer un véhicule pour vous déplacer.

- Une police des mœurs veille à ce que les Saoudiennes qui se promènent dans la rue aient une tenue conforme aux règles. Ne pas montrer ses yeux, ses bras, ses jambes, ne pas retirer son voile en présence d'autres hommes que ceux de sa famille, etc. Bref, les Occidentales doivent aussi faire attention de ne pas choquer.

392 Brunei

- Dans les mosquées, les visiteurs doivent ôter leurs chaussures et ne pas passer devant des gens en prière.

- Il faut veiller à ne jamais toucher le Coran.

- Les femmes doivent se couvrir la tête, les genoux et les bras pour entrer dans une mosquée.

- Un Brunéien serre légèrement la main et porte la main à sa poitrine pour saluer, mais les personnes du sexe opposé ne se serrent pas la main.

- Il ne faut pas pointer avec l'index (mais avec le pouce droit) pour faire un signe. Pour appeler quelqu'un, agiter la main, paume vers le bas et non pas vers le haut.

- Il ne faut jamais frapper du poing droit contre la paume de la main gauche.

- Si vous offrez un cadeau, et en particulier de la nourriture, faites-le toujours de la main droite.

- Prenez garde à ce que les semelles de vos chaussures ne soient pas tournées vers vos compagnons lorsque vous êtes assis en tailleur.

393 Chine (y compris Hong-Kong)

- Lorsque vous présentez votre carte de visite, en tant qu'homme ou femme d'affaires, n'oubliez pas d'utiliser les deux mains plutôt que de la tendre d'une seule main.

- Chaque ethnie a ses us et coutumes ; renseignez-vous avant de la fréquenter.
- À Hong-Kong, le respect de la tradition exige de ne pas toucher la tête d'un enfant ni les aliments avec les doigts. Ne portez pas de monokini sur les plages et n'y faites encore moins de nudisme.

394 Corée

- En affaires, la personne la plus haut placée doit être la première à entrer dans la salle de réunion et à en sortir.

395 Fidji

- En visite dans un village, il faut offrir un petit présent au yaqona ou au kava, chef du village.
- Il ne faut pas porter de chapeau dans un village, cela est considéré comme une insulte au chef.
- Il ne faut pas non plus toucher la tête de qui que ce soit, même celle d'un enfant que l'on trouve trop craquant.
- Le tutoiement s'applique partout dans les îles.

396 Inde

- Les épaules d'une femme sont considérées comme une partie terriblement sensuelle et ne doivent pas être montrées.
- Il vaut mieux ne pas s'embrasser ou se tenir la main en public car cela est gênant pour vos hôtes indiens.
- Les hommes ne serrent habituellement pas la main aux femmes ; ils les saluent en joignant leurs paumes et en s'inclinant légèrement.

397 Israël

- Les femmes des ultra-religieux doivent porter une perruque car la chevelure est considérée comme un attribut qui peut troubler les hommes durant leurs prières. Elles portent aussi des vêtements qui les couvrent de la tête aux pieds.

- À l'instar d'autres religions, la femme est considérée comme impure durant ses règles.

398 Japon

- Il est approprié d'offrir des cadeaux en diverses occasions et, notamment, lors des rencontres d'affaires. Une attention spéciale devra être portée tant au présent qu'à l'emballage. Parmi les produits appréciés, on trouve différents objets, des boissons ou des aliments de votre pays d'origine.

- Le traditionnel salut de la tête est toujours en vigueur même si plusieurs hommes d'affaires serrent la main.

- Il ne faut pas fixer les yeux de la personne que l'on salue mais plutôt regarder plus bas, vers le sol.

- Il faut retirer ses chaussures quand on entre dans une maison japonaise, en signe de respect et de propreté.

- Certains chiffres sont considérés comme malchanceux. Il vaut mieux éviter le 4 (dont la prononciation sonne comme le mot «mort») de même que le 7 et le 9. Le 3 et le 5 sont considérés comme chanceux.

- Il faut éviter de toucher les gens ou de toucher leurs biens à moins d'y être invité. Il faut retirer gants, chapeau et foulard avant de sonner à la porte de l'endroit où l'on est convié.

399 Népal

- Une femme ne dévoile ni ses jambes ni ses épaules, et un homme ne doit pas se promener torse nu.

- Il ne faut pas donner d'argent ni de bonbons aux mendiants et aux enfants mais plutôt des articles scolaires, des brosses à dents, bref des choses utiles.

- Il ne faut jamais entrer dans une demeure sans y être formellement invité. Ne pénétrez jamais dans une cuisine, lieu particulièrement pur, à l'abri des regards.

- Ne mangez, payez et recevez qu'avec la main droite, la gauche servant à des tâches moins nobles.

- Il ne faut pas élever la voix, crier, se mettre en colère.

- Il est indécent de toucher la tête de quelqu'un ou encore de désigner quelqu'un, ou même une statue, à l'aide de l'index.

- Les temples et monuments se contournent dans le sens des aiguilles d'une montre (sens cosmique).

- Déposez quelques dizaines de roupies dans les sanctuaires visités lorsqu'ils sont ouverts aux étrangers.

- Il faut obtenir l'autorisation de la personne que l'on veut photographier.

400 Nouvelle-Calédonie

- Lorsque vous arrivez dans une tribu, n'oubliez pas d'offrir un présent à son chef, que ce soit pour solliciter un service, faire une visite de courtoisie, se renseigner ou visiter certains sites. Il peut s'agir de tabac, d'argent, de boissons (non alcoolisées), d'un journal, d'un paréo ou d'un objet typique de votre pays d'origine.

- Les chemins barrés ne doivent jamais être empruntés ; ils appartiennent à une tribu et mènent souvent à des lieux sacrés.

- Dans certains endroits, il est interdit aux femmes de se promener en monokini.

401 Polynésie française

- Si vous pénétrez dans un faré (maison traditionnelle en bambou), il ne faut pas fumer pour ne pas provoquer d'incendie.

- Il faut toujours se déchausser avant d'entrer dans une habitation.

- Il faut éviter de marchander vos achats; cette pratique n'a pas cours en Polynésie.

402 Sénégal

- Il ne faut jamais enjamber une personne allongée sur le sol.

- Il ne faut jamais poser son sac directement par terre.

- Il ne faut pas acheter du charbon de bois, du sel, du poivre, du piment, des aiguilles, des lames de rasoir après la tombée de la nuit car cela attire les mauvais esprits.

- Il ne faut jamais manger de la main gauche.

- Il ne faut jamais marcher sur une natte avec ses chaussures.

- Il faut dire bonjour, avant toute chose, en tout temps, à tout le monde.

- Il faut demander des nouvelles de la famille même si on ne la connaît pas.

- Il faut saluer les personnes âgées avec respect.

- Il faut donner une pièce à un mendiant une fois par jour.

- Il faut absolument boire son thé en faisant des « slurps ».

- Les hommes et les femmes ne doivent pas montrer leurs jambes; donc, évitez les shorts et les mini-jupes.

- Les bonnes et les boys ne sont pas les symboles du colonialisme. Avoir une bonne ou un boy, c'est fournir un emploi à quelqu'un qui pourra alors en embaucher un autre ou une autre pour sa famille.

403 Russie

- Si vous êtes invité chez des Russes, apportez une bouteille de vin, de vodka ou de champagne ainsi que des fleurs ou une boîte de chocolats pour la maîtresse de maison.

- Si vous offrez un bouquet de fleurs, prenez garde à ce qu'il soit composé d'un nombre de fleurs impair et n'offrez jamais de fleurs jaunes.

- L'art de la galanterie s'exerce en tous lieux et en toutes circonstances. Donc, céder sa place dans le métro, tenir une porte ou aider une femme à descendre se fait facilement en Russie. Les hommes aideront les femmes à enfiler leur manteau et lui allumeront sa cigarette.

404 Thaïlande

- Il est interdit aux femmes de faire des offrandes aux moines bouddhistes. Si vous désirez le faire, demandez à un homme de votre entourage de le faire à votre place.

- Évitez de vous croiser les jambes en public.

- Ne vous faites pas bronzer les seins nus sur les plages ; c'est très mal vu.

- Ne vous énervez pas ; c'est un signe de faiblesse.

405 Tibet

- Lors des occasions spéciales, les invités se voient offrir de la bière d'orge qui contient 15 % à 20 % d'alcool. La coutume consiste à en prendre trois gorgées, puis à vider tout le verre en signe de respect pour l'hôte.

- À table, il ne faut pas prendre de bouchées trop grosses, faire de bruit en mangeant ou en buvant et on ne doit pas passer la main par-dessus le plat de quelqu'un d'autre pour atteindre la nourriture.

406 Asie en général

- Partout en Asie, il convient de laisser un peu de nourriture dans votre bol pour indiquer que vous n'avez plus faim et que la nourriture était délicieuse.

407 Pays musulmans

- Il ne faut pas fumer ni manger dans les lieux publics durant le ramadan.

- Il faut éviter de parler de politique ou de religion avec les résidants locaux.

408 Tous pays

- Soyez respectueux des temples, des mosquées, des églises, des synagogues et autres lieux de culte. Renseignez-vous ; les étrangers ou les non-croyants n'ont bien souvent pas le droit d'y entrer. Si vous voulez photographier des objets ou des édifices religieux, demandez-en d'abord l'autorisation.

- Si vous voulez photographier des habitants du pays que vous visitez, n'oubliez pas que certains peuvent vous en vouloir ou bien vous réclamer de l'argent (ou un cadeau) une fois la photographie prise. Avant de prendre une photo, demandez toujours leur permission.

- Ne photographiez jamais d'installations militaires, de ports où se trouvent des navires de guerre ou d'installations in-dustrielles comme les raffineries de pétrole.

Voyager autrement

Voyages équitables

409 De plus en plus de gens voyagent et, notamment, vers des destinations plus exotiques, la plupart en voie de développement. Ce tourisme nouveau genre n'apporte pas que des avantages aux populations des pays visités. Pour contrer au maximum les inconvénients, un nouveau type de voyage est de plus en plus populaire; on l'appelle le voyage équitable. Équitable, car l'argent que vous dépensez demeure en majeure partie dans la communauté visitée, sans remplir les poches d'un quelconque organisateur.

410 Si vous êtes prêt à payer un peu plus cher, au lieu de bronzer bêtement sur une plage, vous pourriez vivre un vrai dépaysement en partant à la rencontre d'une autre culture, de gens différents, loin de toute la consommation forcenée de paysages et d'infrastructures. Vous pourriez, par exemple, vous retrouver dans un village du Rajasthan afin de partager la vie des villageois, leurs préoccupations et leurs combats quotidiens.

411 Voyager de façon équitable veut aussi dire souscrire à une « éthique du voyageur » ; ainsi, vous vous engagez à respecter les us et coutumes (la vie privée, les lieux sacrés, les interdits...), à économiser l'eau et les ressources naturelles, à avoir une tenue vestimentaire adaptée, à n'utiliser votre caméra vidéo ou votre appareil photo qu'avec respect (en demandant l'autorisation) et à ne pas distribuer des cadeaux à tout moment.

412 Les avantages du voyage équitable sont nombreux ; parmi ceux-ci, citons le temps laissé aux voyageurs pour effectuer des rencontres et échanger avec les populations locales, le déplacement en petits groupes de 4 à 10 personnes, la mise en évidence des valeurs traditionnelles des populations visitées plutôt que les valeurs commerciales et, bien sûr, l'argent dépensé par le voyageur qui demeure dans la communauté visitée.

Voyages solidaires

413 Vous pouvez aussi opter pour le tourisme solidaire. Ainsi, en voyageant dans un pays en voie de développement, vous en profitez pour donner un coup de main dans le cadre d'un projet de développement. Des projets québécois sont en train de voir le jour en collaboration avec le Centre canadien d'étude et de coopération internationale (CECI) et des associations de l'Équateur afin d'organiser des séjours d'initiation à la coopération internationale pour des touristes québécois. Le principe est de partir un mois ou deux en tant que bénévole dans un projet de développement.

414 Si, toutefois, vous préférez voyager seul ou en couple, voici néanmoins quelques éléments qui vous permettront de pratiquer un tourisme responsable.

- Optez pour des restaurants locaux (plutôt que les grandes chaînes multinationales).

- Vous avez loué une maison ? Alors achetez votre nourriture dans les marchés publics lorsque vous êtes à l'étranger plutôt que dans les grands supermarchés. Vous encouragerez ainsi les agriculteurs de la région.

- Achetez vos souvenirs de vacances dans des boutiques d'artisanat local et non pas dans les supermarchés, les grands magasins de souvenirs, etc.

- Offrez un prix raisonnable pour les objets que vous souhaitez acquérir ; marchandez, oui, mais n'exploitez pas !

- Les foires, les festivals et d'autres événements régionaux auxquels participent les populations locales vous permettront non seulement de côtoyer la population, mais aussi de découvrir des produits, des artistes et des producteurs que vous ne pourriez pas voir autrement.

- Lorsque vous devez vous déplacer, utilisez les compagnies de transport locales ; elles fournissent de l'emploi aux habitants.

- Certaines personnes vous demanderont de leur offrir des médicaments ; ne le faites pas. Si vous voulez vous rendre utile, faites plutôt un don en argent aux dispensaires ou aux hôpitaux locaux.

Échanges de maison

415 Vous rêvez de passer une dizaine de jours dans une hacienda en Andalousie, dans un ranch du Montana, dans un mas en Provence, une villa en Toscane ? C'est possible, et cela, sans grever votre budget de vacances. Pour ce faire, vous pouvez échanger votre maison ou condo contre l'équivalent dans le pays de votre choix, et ce, sans frais de location.

Plusieurs agences, notamment sur le réseau Internet, vous offrent ces possibilités d'échanges ; il suffit de vous abonner moyennant une somme relativement minime. Voir la rubrique « Voyages équitables (ou solidaires) », à la page 194, pour des adresses Internet.

Séjours en monastère

416 Vous êtes fatigué, stressé, vous avez besoin de repos, de silence, de vraies vacances reposantes ? Pourquoi ne pas songer à un séjour dans un monastère, que ce soit pour une fin de semaine ou quelques jours ? Par exemple, en France, plusieurs monastères sont des étapes vacances qui accueillent aussi bien les personnes seules que les familles qui désirent découvrir les richesses du pays (monuments historiques, paysages, chemins de randonnée, etc.). En Europe, plus de 400 monastères sont ouverts au public, par exemple en Turquie, en Roumanie, en Espagne, en Italie, en Grèce, en France, etc.

Tourisme fluvial (péniches)

417 Les vacances sur les canaux européens sont de plus en plus populaires. Pas besoin de permis de navigation ni même de connaissance particulière puisque vous louez la péniche avec l'équipage. Les tarifs varient selon le trajet, la durée du voyage, etc. Vous devez payer les repas, le carburant et la location des vélos lorsque vous débarquez pour visiter les villages traversés. Seulement en France, vous pouvez parcourir les 6 700 km du réseau fluvial français. Le même type de voyage fluvial est offert en Allemagne, en Irlande, aux Pays-Bas, en Italie, en Écosse, en Grande-Bretagne, en Belgique, en Espagne, au Portugal.

Voyager en vélo

L'un des principaux agréments du voyage en vélo est que l'on peut voir plus de choses qu'à pied. Le vélo permet d'apprécier les odeurs et les bruits des endroits que l'on traverse et, bien entendu, de profiter d'un moyen de locomotion écologique et peu onéreux.

418 Apportez votre matériel de réparation pour pneus crevés : clefs, pompe et boîte de rustines.

419 Choisissez vos pneus en fonction de la charge qu'ils devront supporter, c'est-à-dire vous et vos bagages.

420 Choisissez une selle qui vous convient bien car n'oubliez pas que vous allez faire du kilométrage assis dessus.

421 Si vous voyagez léger, préférez un porte-bagages ou des sacoches ; si vous transportez beaucoup de matériel, par exemple votre tente de camping, mieux vaudrait accrocher une remorque à votre vélo.

422 N'oubliez pas votre casque ; il limitera la casse en cas d'accident.

423 L'éclairage de votre engin est crucial, surtout si vous êtes un adepte des déplacements nocturnes. La réglementation impose aux fabricants de munir les vélos d'un éclairage avant et arrière et de dispositifs réfléchissants. Vous pouvez ajouter un système d'éclairage fixe qui fonctionne avec une dynamo lorsque le vélo roule, ou mobile, c'est-à-dire à pile, et qui s'attache sur le vélo ou sur soi. N'oubliez pas d'éteindre la lampe quand vous serez arrivé à destination, sinon adieu la pile !

424 Équipez-vous d'un bon cadenas et n'oubliez pas d'emporter, avec vous, le double de la clé !

425 Si vous devez rouler au soleil, protégez votre visage, vos avant-bras, vos jambes avec une bonne crème solaire. Gardez un coupe-vent à la portée de la main et non dans le fond du sac.

426 Pensez à prendre de bonnes lunettes qui vous protégeront tant du soleil que des insectes et de la poussière.

427 Et surtout, avant de partir faire le tour de l'Amérique du Sud en vélo, assurez-vous d'avoir la forme. Car si tout le monde peut pédaler, les courbatures, les crampes ou les tendinites peuvent aussi s'en prendre à tout le monde. Donc, entraînez-vous bien avant de partir de manière à vous mettre en forme, à bien prendre en main votre machine et à procéder aux ajustements nécessaires.

428 Dans certaines villes ou certains pays, vous pourrez trouver des vélos communautaires ; c'est le cas à Montréal et à Toronto (Canada), à Minneapolis (États-Unis), à Copenhague (Danemark), à Strasbourg, à Bordeaux, à Toulon, à Avignon, à Arras (France), à Amsterdam (Pays-Bas) et en Allemagne. Parfois le service est gratuit, parfois il faut débourser une somme modique pour louer le vélo.

L'aéro-stop

429 Il s'agit de faire du pouce mais pas sur le bas-côté de la route. Le service est offert seulement en France et en Polynésie française, pour le moment. Par un site Internet qui diffuse des petites annonces, des pilotes d'avions privés, ayant des places libres à bord, sont mis en communication avec des passagers qui désirent se rendre vers telle ou telle destination. Le service d'annonces est gratuit. Pour le vol, c'est au passager et au pilote de s'entendre sur le partage des frais, les horaires et les conditions de vol.

Pratico-pratique

Êtes-vous au courant?

430 Les réveille-matin, sèche-cheveux, fers à friser, fers à repasser, radiocassettes, en voyage, c'est bien beau, encore faut-il qu'ils puissent fonctionner. N'oubliez pas que selon votre pays de destination, le voltage et la fréquence du courant seront différents de chez vous. En plus de la prise appropriée, n'oubliez pas l'adaptateur d'électricité.

- Prise A
  Prise à deux fiches plates parallèles employée au Canada, aux États-Unis, au Guatemala, en Jamaïque, au Mexique et au Venezuela.

- Prise B
  Prise à deux fiches plates parallèles avec une fiche pour la terre: employée au Canada, aux États-Unis, au Guatemala, en Jamaïque, au Mexique et au Venezuela.

- Prise C
  Prise sans fiche de terre composée de deux fiches rondes, employée en France et dans la plupart des pays de l'Europe occidentale.

- Prise D

  Trois grandes fiches rondes dans un bloc triangulaire. D'origine britannique, cette prise n'est plus employée que dans certaines régions de l'Inde.

- Prise E

  Ressemble à la prise C mais elle est ronde. Particularité : a un contact femelle pour accepter une fiche de mise à la terre mâle. Principalement utilisée en France et en Belgique.

- Prise F

  Avec deux fiches femelles pour la mise à la terre.

- Prise G

  Trois fiches, deux plates et une carrée pour la terre ; utilisée en Grande-Bretagne.

- Prise H

  Fiches plates en V avec prise de terre ; utilisée en Australie.

- Prise I

  Fiches plates en V renversé avec prise de terre. Donc, deux fiches plates en ∧ et une troisième fiche plate au milieu.

- Prise J

  Similaire à la prise I, n'est utilisée qu'en Israël.

- Prise K

  Fiches rectangulaires avec fiche de terre plate ; utilisée au Danemark.

- Prise L

  Fiches rondes avec prise de terre dans le même alignement ; utilisée en Suisse.

- Prise M

  Deux grosses fiches rondes avec fiche de terre, ronde, en plein milieu. Utilisée principalement en Italie.

Pour être bien branché

Pays	Voltages	Fréquences	Prises
Açores	220 V	50 Hz	B, C, F
Afrique du Sud	220/230 V	50 Hz	M
Algérie	127/220 V	50 Hz	C, F
Allemagne	230 V	50 Hz	F
Antigua	230 V	60 Hz	A, B
Antilles néerlandaises	127/220 V	50 Hz	A, B, F
Aruba	127 V	60 Hz	A, B, F
Australie	240 V	50 Hz	I
Autriche	230 V	50 Hz	F
Bahamas	120 V	60 Hz	A, B
Barbade	115 V	50 Hz	A, B, F
Belgique	230 V	50 Hz	C, E
Belize	110/220 V	60 Hz	B, G
Bermudes	120 V	60 Hz	A, B
Brésil	110/220 V	60 Hz	A, B, C, D, G
Cambodge	120 V	50 Hz	
Cameroun	220 V	50 Hz	C, D, E, G
Canada	120 V	60 Hz	A, B
Cap-Vert	220 V	50 Hz	C, F
Chili	220 V	50 Hz	C, L
Chine	220 V	50 Hz	I
Chypre	240 V	50 Hz	C, G
Comores	220 V	50 Hz	C, E
Corée du Sud	110/220 V	60 Hz	A, B, C, D, G, I et K
Costa Rica	12 0V	60 Hz	A, B

Pays	Voltages	Fréquences	Prises
Cuba	110 V (220 V dans quelques hôtels)		A, B, C, L
Danemark	220V	50 Hz	C, K
Dominicaine (République)	110 V	60 Hz	A
Dominique	230 V	50 Hz	D, G
Égypte	220 V	50 Hz	C
Équateur	120-127 V 120/240 V dans certaines zones	60 Hz	A, B, C, D
Espagne	127/220 V	50 Hz	C, E
États-Unis	120 V	60 Hz	A, B
Fiji	240 V	50 Hz	I
Finlande	230 V	50 Hz	C, F
France	230 V	50 Hz	C, E, F
Gibraltar	240 V	50 Hz	C, G
Grande-Bretagne	230 V	50 Hz	G
Grèce	220 V	50 Hz	C, D, E, F
Grenade	230 V	50 Hz	G
Guadeloupe	220 V	50 Hz	C, D, E
Guatemala	120 V	60 Hz	A, B, G, I
Guyane française	220 V	50 Hz	C, D, E
Honduras	110 V	60 Hz	A, B
Hong-Kong	230 V	50 Hz	D et G
Hongrie	220 V	50 Hz	C, F
Îles Caïmans	120 V	60 Hz	A, B
Îles Vierges américaines	110 V	60 Hz	A, B
Inde	230 V	50 Hz	C, D

Pays	Voltages	Fréquences	Prises
Indonésie	220 V	50 Hz	C, E, F
Irlande	220 V	50 Hz	G
Islande	220 V	50 Hz	C, F
Israël	230 V	50 Hz	C, H
Jérusalem	220 V	50 Hz	D
Italie	127/220 V	50 Hz	F, L
Jamaïque	110 V	50 Hz	A, B
Japon	100 V	50/60 Hz	A, B
Jordanie	220 V	50 Hz	C, D, F, G, J
Kenya	240 V	50 Hz	D, G
Laos	220 V	50 Hz	A, B, C, E, F
Liban	110/220 V	50 Hz	A, B, C, D, G
Luxembourg	220 V	50 Hz	C, F
Macao	200 V	50 Hz	C, D
Madagascar	127/220 V	50 Hz	C, D, E, J, K
Madère	220 V	50 Hz	C, F
Maldives	230 V	50 Hz	A, D, G, J, K, L
Malte	240 V	50 Hz	G
Maroc	127/220 V	50 Hz	C, E
Martinique	220 V	50 Hz	C, D, E
Marquises	220 V	60 Hz	A
Maurice	230 V	50 Hz	C, G
Mauritanie	220 V	50 Hz	C
Mexique	127 V	60 Hz	A
Monaco	127/220 V	50 Hz	C, D, E, F
Népal	220 V	50 Hz	C, D
Norvège	230 V	50 Hz	C, F
Nouvelle-Calédonie	220 V	50 Hz	F

Pays	Voltages	Fréquences	Prises
Nouvelle-Zélande	240 V	50 Hz	I
Panama	110 V	60 Hz	A, B, I
Panama City	120 V		
Papouasie–Nouvelle-Guinée	240 V	50 Hz	I
Pays-Bas	230 V	50 Hz	C, F
Pérou	220 V	60 Hz	A, C
Philippines	110/220 V	60 Hz	A, B, C, E, F ET I Manille 115/230 V
Pologne	220 V	0 Hz	C, E
Polynésie française	220 V	60 Hz	A
Porto Rico	120 V	60 Hz	A, B
Portugal	220 V	50 Hz	C, F
République tchèque	220 V	50 Hz	E
Roumanie	220 V	50 Hz	C, F
Russie	220 V	50 Hz	C, F
Salvador	115 V	60 Hz	A, B, C, D, E, F, G, I, J, L
Samoa américaines	120 V	60 Hz	A, B, F, I
Samoa occidentales	230 V	50 Hz	I
Sénégal	127 V	60 Hz	C, D, E, K
Seychelles	240 V	50 Hz	G
Singapour	230 V	50 Hz	D, G
Slovaquie	220 V	50 Hz	E
Sri Lanka	230 V	50 Hz	D
Saint-Kitts et Nevis	230 V	60 Hz	D, G
Sainte-Lucie	240 V	50 Hz	G
Saint-Vincent et les Grenadines	230 V	50 Hz	A, C, E, G, I, K

Pays	Voltages	Fréquences	Prises
Suède	230 V	50 Hz	C, F
Suisse	220 V	50 Hz	C, E, J
Surinam	127 V	60 Hz	C, F
Syrie	220 V	50 Hz	C, E, L
Taiwan	110 V	60 Hz	A, B, I
Thaïlande	220 V	50 Hz	C
Tonga	240 V	50 Hz	I
Trinité-et-Tobago	115 V	60 Hz	B
Tunisie	127/220 V	50 Hz	C, E, F, K, L
Turks et Caïques	110 V	A	
Turquie	220 V	50 Hz	C, F
Venezuela	120 V	60 Hz	A, B
Vietnam	127/220 V	50 Hz	A, C

Le danger,
une notion relative

Ce que vous considérez comme dangereux n'est pas forcément vu comme tel par un autre voyageur. Dans les lignes qui suivent, nous avons tenté de faire le point sur quelques risques potentiels lorsque l'on voyage à l'étranger.

Voici quelques dangers et inconvénients qui ont touché le plus les voyageurs au cours des dernières années. De toutes les déclarations concernant des incidents ou accidents, on note :

Cambriolage du foyer, en leur absence	90 %
Maladie et accidents en vacances	40 %
Sécurité compromise	33 %
Mauvais logement	26 %
Mauvais temps	19 %
Nourriture avariée	18 %

Selon un sondage effectué auprès de voyageurs européens, les endroits réputés les plus dangereux sont :

Floride	42 %
Afrique du Nord	9 %
Turquie	7 %
Californie	7 %
Kenya	7 %

Se déplacer en minibus

431 Pour beaucoup de voyageurs, il s'agit du moyen de transport le plus hasardeux lorsqu'on se déplace, notamment à l'étranger. Dans certains pays, ils sont bondés et bringuebalants.

432 Dans les pays en voie de développement, ces minibus servent à transporter les classes laborieuses et pauvres, aux heures de pointe ; leurs propriétaires essaient de rentabiliser chaque déplacement, au maximum, en embarquant le plus de gens possible.

433 Par exemple, en Afrique du Sud, 60 000 accidents impliquant des minibus tuent plus de 900 personnes chaque année. Au Pérou, en 2002, 375 piétons ont été tués par des minibus à Lima.

434 Vous serez souvent attiré par ces minibus qui arborent des slogans religieux et des prières peintes sur la carrosserie mais attention, si l'aspect extérieur est amusant, la mécanique, elle, ne l'est pas.

435 Si vous devez emprunter ce genre de minibus, évitez de voyager la nuit ; évitez les régions montagneuses et davantage en hiver.

436 Emportez de l'eau et de la nourriture avec vous, en cas de pépins, de retards, de pannes, de déviations, etc.

437 Demandez si l'itinéraire traverse des secteurs fréquentés par des bandits ou des groupes terroristes ; si c'est le cas, évitez de vous y rendre. Les enlèvements de touristes sont parfois un sport national dans certains pays.

438 Asseyez-vous près d'une sortie ou, tout au moins, d'une fenêtre ouverte.

439 N'oubliez jamais que si vous n'avez payé que très peu pour faire ce trajet, il y a une raison : avec si peu, on n'achète pas de nouveaux freins.

440 Si vos bagages ont été placés sur le toit du minibus, ils pourraient être la proie des voleurs ; essayez de les garder avec vous. Si ce n'est pas possible, emballez-les dans un sac-poubelle ; ils seront moins attrayants et visibles.

441 Les pickpockets vous guettent, même dans le minibus. Si vous somnolez, ils pourraient vous soulager de votre portefeuille. Préférez placer votre argent dans vos chaussures.

Taxis

442 Dans beaucoup de pays, les taxis sont des endroits sécuritaires mais dans d'autres, attention : vous ne savez pas dans quoi vous vous embarquez.

443 En fait, observez. Si les ceintures de sécurité sont cassées et que l'entretien général laisse à désirer, évitez d'y monter.

444 Dans certains pays, comme la Colombie, vous pouvez même tomber dans un guet-apens, le conducteur pouvant être de mèche avec des kidnappeurs.

445 Lorsque vous voyagez à l'étranger, choisissez votre taxi plutôt que de le laisser vous choisir.

446 N'entrez jamais dans un taxi où un autre passager est déjà installé. Donc, les taxis collectifs, c'est bien beau sur papier, mais pour la sécurité, ce n'est probablement pas l'idéal.

447 Dans les pays que vous ne connaissez pas, prenez votre taxi à l'aéroport et demandez au comptoir des renseignements combien il vous en coûtera pour vous rendre au centre-ville, par exemple. Convenez du prix avec le chauffeur de taxi avant de partir. Ne hélez pas de taxi dans la rue.

448 Préférez garder vos bagages avec vous sur le siège arrière plutôt que dans le coffre du taxi.

449 Apprenez par cœur les mots «non», «oui», «on s'arrête ici» et «combien?» dans la langue locale.

450 Demandez au portier de votre hôtel de négocier d'avance le prix d'un taxi ou d'un chauffeur pour vous guider dans la ville.

451 Il arrivera, dans certains pays, que les chauffeurs ne vous rendront pas la monnaie; assurez-vous donc de ne pas leur donner de trop grosses coupures pour payer votre course.

452 Beaucoup de chauffeurs de taxi s'offrent pour vous servir de guide, de chauffeur attitré ou pour surveiller vos bagages; avec votre hôtel, si cela est possible, vérifiez-en les tarifs et la fiabilité de ces personnes.

453 Ne dites jamais à un chauffeur de taxi inconnu, dans une ville étrangère, où vous vous rendez (la société où vous travaillez, si vous allez chez des amis, etc.), quand vous repartez ou tout autre renseignement dont on pourrait se servir pour vous causer des problèmes.

Automobiles

Selon des statistiques basées sur la distance parcourue et le nombre de décès par accidents de la route, voici des données sur les risques courus en automobile.

Pays	Décès pour 100 millions de kilomètres parcourus
Afrique du Sud	10,4
Allemagne	1,9
Autriche	1,7
Bahrein	3,2
Belgique	3,3
Bulgarie	9,9
Corée du Sud	29
Danemark	1,5
Égypte	43,2
Espagne	5,9
États-Unis	1,1
Finlande	1,4
France	2
Hong-Kong	4,8
Hongrie	8
Irlande	1,5
Israël	2,2
Japon	1,7
Kenya	36
Macédoine	7,8
Maroc	21
Norvège	1,2
Nouvelle-Zélande	2,2
Pays-Bas	1,3
Pologne	6,3
Portugal	9
République tchèque	5,9
Royaume-Uni	1
Suède	1,1
Suisse	1,6
Taiwan	2
Thaïlande	1,3
Turquie	22

Sources : IRF (Fédération routière internationale), ASIRT (Association for Safe International Road Travel)

454 Les règles générales du bon sens s'appliquent dans chaque pays du monde, quel que soit le code de la route ou la façon de conduire. Toutefois, on note que les piétons qui débarquent à Londres ou dans un autre pays où la conduite se fait à gauche courent de grands risques. En fait, les piétons oublient de modifier leur façon de regarder avant de traverser la rue.

455 Si justement on se rend dans un pays où la conduite se fait à gauche, il faut éviter de rouler de nuit car la visibilité est réduite et, à l'heure de la fermeture des bars, vous pourriez croiser des gens ivres, que ce soit en automobile ou à pied, ce qui accroît le risque de danger en plus d'oublier momentanément de rouler du bon côté de la route.

456 En fait, la vitesse, les boissons alcoolisées, le mauvais état des routes jouent de sales tours aux étrangers qui louent une voitrure, et ce, peu importe le pays où ils le font.

457 Avant de louer une voiture dans un pays étranger, assurez-vous d'en bien comprendre le code de la route et la signalisation particulière.

458 Ne vous arrêtez jamais sur le bas-côté de la route pour vérifier votre itinéraire ou chercher votre chemin ; préférez entrer dans une ville et un village et vous stationner dans un parking ou un endroit sécuritaire. Vous éviterez d'être un danger pour les autres usagers de la route.

459 Si les conditions atmosphériques vous semblent hasardeuses, n'allez pas prendre le volant dans un pays étranger. Vous ne connaissez pas la route, l'itinéraire et les habitudes de conduite des gens du pays, alors ce n'est pas le moment de mettre votre vie en jeu.

460 Si vous devez conduire à l'étranger, dans un pays où vous allez pour la première fois : louez une voiture intermédiaire plutôt robuste, n'oubliez pas de boucler votre ceinture de sécurité, conduisez le plus souvent possible le jour, emportez une carte et un bon guide des routes, ne conduisez pas si vous êtes fatigué ou souffrant, ne laissez pas vos bagages à la vue de tous dans l'auto et essayez de vous garer dans les zones éclairées et plutôt achalandées si vous voulez prendre un peu de repos pendant un long trajet.

461 Ne prenez pas d'auto-stoppeurs et, surtout, ne franchissez pas de frontières en compagnie de personnes que vous venez tout juste de connaître. Ne franchissez pas une frontière dans la voiture d'un inconnu (en auto-stop); préférez la franchir seul et à pied.

Traversiers

Il existe actuellement environ 2 000 ferrys ou traversiers dans le monde sur lesquels on peut embarquer avec son véhicule pour se rendre dans une île, une autre ville ou un autre pays.

462 Le Bangladesh, Haïti, les Philippines et Hong-Kong sont les endroits réputés les plus dangereux pour ce type de traversée.

463 Par ailleurs, sur certaines mers, notamment en Asie du Sud-Est, ce sont les actes de piraterie qui se révèlent être le plus gros problème avec une moyenne de 40 incidents par année. Toutefois, ce sont surtout les navires marchands qui sont ciblés et non les traversiers ou les ferrys. Les secteurs les plus à risque de piraterie sont le détroit de Malacca, les régions côtières des Philippines, de la Thaïlande et de la Chine méridionale.

464 Lorsqu'on emprunte le bateau dans un pays peu sûr, il faut adopter quelques règles minimales de sécurité dont la première est de savoir nager ou, tout au moins, comment flotter.

465 Sur le traversier, repérez l'endroit où vous pourrez avoir accès à un canot, à un gilet de sauvetage, à une bouée, bref à quelque chose qui pourrait vous sauver la vie.

466 Ne montez jamais à bord d'un bateau surchargé, comme c'est souvent le cas en Asie ou en Afrique.

467 Si les conditions météo vous semblent douteuses, que c'est la saison de la mousson ou qu'un ouragan est annoncé, reportez votre départ. Mieux vaut perdre une journée que la vie.

468 En croisière, prêtez attention aux conseils de sécurité que vous donne l'équipage. Emportez des médicaments pour lutter contre le mal de mer, les coups de soleil, la peau et les lèvres gercées.

469 Emportez des jumelles, des livres, des cartes côtières, des stylos et un journal intime pour noter vos impressions, vos découvertes ou tout simplement pour passer le temps si la traversée devient monotone.

Trains

470 Les trains sont réputés être les moyens de déplacement les plus sûrs ; toutefois, dans certains pays, ils sont une cible privilégiée pour les voleurs, plus particulièrement les trains de nuit et ceux disposant de wagons-lits.

471 Renseignez-vous sur les possibilités que le train dans lequel vous montez soit la cible de voleurs. C'est souvent le cas en Europe de l'Est, en Russie, en Asie et en Afrique où des rebelles s'en prennent régulièrement aux trains.

472 Si vous devez voyager en Europe de l'Est en train, ne dormez que d'un œil et surveillez de près vos effets personnels.

473 Partout dans le monde, gardez vos bagages avec vous à tout moment.

474 Préférez voyager en train plutôt qu'en autocar dans les secteurs montagneux, les déserts et les jungles.

Zones de guerre

475 Vous comprendrez facilement qu'il y a des pays à éviter, particulièrement si un conflit s'y déroule, qu'il s'agisse d'une guerre déclarée, de tensions ethniques ou sociales. On parle ici, entre autres, de l'Afghanistan, de l'Irak mais aussi de la Casamance (Sénégal), du Congo, de la Colombie, de la Tchétchénie (Russie), etc.

476 Consulez vos journaux locaux. Régulièrement, le ministère des Affaires étrangères publie une liste de pays ou régions qu'il convient d'éviter. Cette liste est continuellement mise à jour. Ces renseignements sont aussi accessibles par Internet.

- Ministère des Affaires étrangères du Canada :
  http://www.voyage.gc.ca/dest/sos/warnings-fr.asp

- Ministère des Affaires étrangères de France :
  http://www.france.diplomatie.fr/voyageurs/etrangers/avis/conseils/minute.as

Besoin d'aide
à l'étranger?

477 Si vous comptez rester assez longtemps dans un pays étranger, un mois au plus par exemple, il est conseillé de vous inscrire officiellement au bureau de votre gouvernement, le plus près de l'endroit où vous séjournerez. Ainsi, votre gouvernement pourra vous joindre en cas d'urgence.

478 Si votre pays n'a pas de représentant sur place, il existe souvent des ententes permettant de s'inscrire à l'ambassade ou au consulat d'un autre pays. Le Canada a de telles ententes avec les ambassades d'Australie et de Grande-Bretagne.

479 Le personnel consulaire peut joindre, à votre demande, votre famille ou vos amis pour leur demander de vous envoyer des fonds d'urgence.

480 Il peut également vous aider dans des situations critiques telles que des catastrophes naturelles et des soulèvements civils ou militaires.

481 Il peut vous indiquer des sources de renseignements sur les lois, les règlements, la culture du pays ou encore sur les visas.

482 Il peut vous aider en cas d'urgence médicale.

483 Il peut vous émettre un nouveau passeport (moyennant des frais) ou un document temporaire.

484 Advenant votre arrestation, le représentant de votre gouvernement essaie de faire en sorte que l'on vous traite avec équité en vertu des lois du pays ; il en informe votre famille et vos amis, à votre demande. Il fait également en sorte que vous bénéficiiez des droits et des procédures judiciaires conformes aux normes du pays d'accueil.

485 Avec votre permission, il peut avertir votre parent le plus proche d'un accident ou d'un décès et lui faire savoir s'il peut vous aider et comment.

486 Les services consulaires ne sont pas là pour organiser votre voyage, faire des transferts de fonds ou des paiements de factures, entreposer vos effets personnels ou rechercher des objets perdus, vous fournir un service de traduction, vous aider à trouver un emploi, faire vos demandes de visas, de permis ou de licences pour d'autres pays.

Que peut-on rapporter?

Beaucoup de gens croient, à tort, qu'on ne peut pas rapporter de fleurs, de fruits frais, de café, de l'étranger au Canada.

487 De fait, même certains produits frais sont permis; renseignez-vous avant de partir et vous pourriez être étonné de tout ce que vous pouvez rapporter, à condition de tout déclarer en bonne et due forme.

488 Par exemple, vous pouvez rapporter du fromage pour autant qu'il ne soit pas présenté dans du lactosérum, et ce, jusqu'à 20 kg par personne, pour un montant maximum de 20 $.

489 Les semences sont permises (500 g par personne).

490 Les fleurs coupées (sauf le feuillage des conifères et les cônes [cocottes]), sont autorisées.

491 Les fruits frais tropicaux (citrons, ananas, bananes, etc.), jusqu'à 250 kg par personne.

492 Les fruits et les légumes congelés, en conserve ou déshydratés, jusqu'à 20 kg par personne.

493 Les légumes frais (sauf les légumes racines : pommes de terre, carottes, betteraves, céleri-rave, etc.).

494 Les fines herbes, les épices, les condiments, le thé, le café sont permis.

495 Les produits de boulangerie (sauf s'ils contiennent de la viande) ; donc, pas de pâtés en croûte ou de tourtières.

496 Les poissons et les fruits de mer sont autorisés, sauf le poisson globe et le crabe chinois.

497 Les articles en cuir de peau tannée, qu'il s'agisse d'un sac à main, d'une paire de chaussures ou d'un masque africain, peuvent faire partie de vos bagages.

498 Le bois et les sculptures en bois exemptes d'insectes ; assurez-vous de bien les stéréliser avant de revenir au pays.

499 On peut rapporter de voyage des bouteilles de vin ou d'alcool, soit 1,5 litre de vin ou 1,14 litre de spiritueux. Rien ne vous empêche, toutefois, de rapporter un plus grand volume de vin ou de spiritueux, à la condition d'en faire la déclaration et d'en payer les droits.

500 Le Canada applique des exigences concernant l'importation et l'exportation de quelque 30 000 espèces animales énumérées dans la Convention sur le commerce international des espèces de faune et de flore sauvages menacées d'extinction (CITES).

501 Si, par exemple, un marchand ambulant veut vous vendre un caméléon pendant que vous êtes en Amérique du Sud, ou une tortue tabatière pendant votre séjour en Asie, attention : ce commerce est illégal car ces animaux sont des espèces protégées par le CITES. Les produits dérivés fabriqués à partir d'espèces protégées par le CITES sont aussi illégaux ; donc, n'achetez ni bracelet en ivoire ni instrument de musique fabriqué avec une carapace de tortue.

Le saviez-vous?

- La pressurisation de la cabine d'un avion appelée « altitude cabine » correspond à une altitude comprise entre 1 800 et 2 200 m. Les plongeurs y risquent un accident de décompression s'ils ont plongé récemment. Il est donc recommandé à ceux qui font de la plongée sous-marine d'attendre un minimum de 24 heures avant d'entreprendre un voyage en avion.

- Seuls les musulmans sont autorisés à se rendre à La Mecque. Autrefois, les intrus s'exposaient à la peine de mort...; maintenant, une très forte amende leur sera imposée.

- Dans certains pays du Sud-Est asiatique, les femmes doivent s'abstenir de pénétrer dans certains lieux religieux si elles ont leurs règles. Un écriteau, à l'entrée, leur rappelle cette loi.

- Dans les mosquées et les temples bouddhistes, il faut laisser ses chaussures à l'entrée. Emportez une paire de grosses chaussettes, avec vous, pour protéger vos pieds.

- Si vous voyagez en Europe, vous avez peut-être entendu parler de l'espace Schengen; les pays qui en font partie sont : l'Allemagne, l'Autriche, la Belgique, le Danemark, l'Espagne, la Finlande, la France, la Grèce, l'Irlande, l'Italie, le Luxembourg, la Norvège, les Pays-Bas, le Portugal et la Suède.

- Les contrôles frontaliers entre ces pays ont été abolis pour créer une frontière externe unique. Les voyageurs qui séjournent plus de trois jours ouvrables dans un pays de l'espace Schengen doivent s'inscrire auprès des autorités. Cette exigence peut être remplie lorsque le voyageur s'acquitte des formalités d'arrivée dans un camping, un hôtel ou tout autre établissement d'hébergement, ou encore en se présentant à la police locale ou à d'autres autorités.

- Les Canadiens n'ont pas besoin de visa pour effectuer de courts séjours dans les pays de l'espace Schengen.

- Au moment de franchir la frontière externe de l'espace Schengen (à l'entrée et à la sortie), les voyageurs doivent s'assurer que leur passeport est tamponné. Le tampon apposé constitue une preuve de la durée du séjour dans cet espace.

- Les agents, au point d'entrée, laissent parfois entrer les voyageurs sans formalité mais ceux-ci ont intérêt à demander que leur passeport soit tamponné.

- Comme les passeports ne sont habituellement pas contrôlés à la frontière entre les différents pays de l'espace Schengen, l'absence de tampon apposé au point d'entrée pourrait causer des problèmes aux voyageurs qui doivent ensuite passer par un autre pays.

Conclusion

Lorsque vous voyagez, et à plus forte raison à l'étranger, appliquez les mêmes règles de sécurité et de conduite que chez vous.

Rappelez-vous que vous courez plus de risques à l'étranger et que, dans certains pays, les touristes sont des cibles idéales pour le vol, le kidnapping, voire les attentats terroristes.

Évitez de vous aventurer dans des endroits inconnus, surtout s'ils ne sont pas sûrs, ou en compagnie de gens que vous ne connaissez pas.

Veillez à garder votre argent, vos objets coûteux, voire vos bijoux, bien à l'abri des regards envieux; utilisez des ceintures de voyage pour garder sur vous votre argent, vos documents de voyage, votre passeport et tout autre document important.

N'oubliez pas de confier une copie de votre itinéraire à quelqu'un, chez vous, afin qu'on puisse facilement vous joindre en cas d'urgence. Contactez régulièrement vos proches pour donner de vos nouvelles, particulièrement si vous partez longtemps.

Conformez-vous aux usages des pays que vous visitez, notamment aux usages vestimentaires et religieux.

Si vous avez des ennuis à l'étranger, contactez votre ambassade ou le consulat de votre pays ; on pourra, sinon vous tirer d'affaire, tout au moins vous faciliter les choses pour trouver un médecin, un avocat, joindre votre famille, etc.

Bon voyage !

Lexique

Affréter, noliser
Louer un avion soit pour un trajet précis, soit pour une durée déterminée.

Basse saison
Période de l'année durant laquelle la fréquentation touristique est la plus faible.

Carnet de voyage
Ensemble des documents et des bons remis au touriste pour lui fournir les détails essentiels à son voyage.

Carte d'embarquement
Document remis au comptoir de la compagnie aérienne, une fois l'enregistrement terminé. Vous y trouvez le numéro de la porte d'embarquement, l'heure limite d'embarquement et votre numéro de siège à bord de l'avion.

Classe
F : Première ou First
C : Club ou Affaires
Y : Économique ou Touriste

Confirmation
Normalement, il faut toujours reconfirmer son vol de retour dans les 72 heures avant le décollage, sinon la réservation peut être annulée.

Contremarque
Document qui remplace le billet lors de vols nolisés.

Correspondance
Changement d'appareil et parfois de compagnie dans un aéroport. Ou encore, combinaison de deux moyens de transport de même nature ou différents dans le but de réaliser un voyage (avion + train).

Escale
Arrêt technique ou commercial. Seuls les vols ininterrompus sont sans escale, quoique les vols directs peuvent l'être.

Forfait
Prix global pour un voyage organisé comprenant plusieurs composantes et à meilleur prix que si ces dernières étaient achetées séparément.

Franchise de bagages
Poids ou quantité de bagages transportés sans qu'un voyageur ait à payer un surplus.

IATA
Association internationale du transport aérien. Regroupe et réglemente presque toutes les compagnies du monde.

Intérieur
Un vol intérieur relie deux villes d'un même pays, sinon on parle d'un vol international.

J-7 ou J-15
Billets soldés 7 ou 15 jours avant un départ.

Long-courrier (également moyen ou court-courrier)
Liaison longue distance, plus de 4 h de vol (moyen-courrier de 1 à 4 heures et court-courrier, moins d'une heure).

Low-cost
Compagnies aériennes à tarifs réduits qui, pour diminuer leurs frais et proposer les prix les plus compétitifs, utilisent des aéroports secondaires, proches des grandes villes, et

n'offrent qu'un service minimum ou payant à bord des appareils.

No show
Passager qui ne s'est pas présenté à l'embarquement.

Non endorsable, non reroutable
Mentions indiquées sur un billet pour signifier qu'il n'est pas utilisable avec une autre compagnie et qu'aucun changement d'itinéraire n'est possible.

Occupation double
Lors de l'achat d'un forfait ou d'une location de chambre, l'occupation double consiste à partager la chambre avec une autre personne. Souvent, le prix de votre forfait ou de votre chambre sera réduit si vous choisissez l'occupation double.

Occupation simple
Location d'une chambre pour une seule personne, option plus coûteuse lors de l'achat d'un forfait

Open
Billet pour lequel on peut fixer librement sa date de retour, dans la limite de sa validité.

Open-jaw
Billet qui permet d'arriver dans une ville et de repartir d'une autre, et pas forcément du même pays.

Pass aérien
Forfait permettant plusieurs déplacements dans un ou plusieurs pays.

Pax
Contraction du mot passager.

Stand-by (ou J-1)
Embarquement de dernière minute selon les places encore libres. Les prix sont très intéressants. N'existe pas dans tous les pays.

Stop-over
Possibilité d'un arrêt de plus de 24 heures, lors d'une escale, avant la destination finale.

Surbooking
Le fait de vendre plus de places qu'il n'y en a dans l'avion.

Tarif APEX, Advance Purchase Excursion, APEX
Tarif réduit applicable lorsque le voyageur fixe la date de son voyage longtemps à l'avance.

Tarif négocié ou tarif discount
Prix négocié entre voyagistes et compagnies pour des vols nolisés ou autres.

Terminal
Les gros aéroports disposent de différents terminaux, chacun étant réservé en particulier à une compagnie aérienne et à ses comptoirs.

Transit
Période ou zone réservée aux passagers concernés lors d'une escale.

Vol direct
Vol effectué avec le même avion et sous le même numéro mais qui peut quand même admettre des escales techniques ou commerciales.

Vol non-stop
Vol effectué sans arrêt.

Vol sec
Billet pour un vol seul, sans autre prestation (ni hôtel, ni transfert vers un hôtel, ni service de restauration).

Voyagiste
Il négocie les prix ou affrète les avions. L'agence de voyages n'effectue que des ventes aux clients et perçoit une commission.

Pour en savoir plus :

www.bourse-des-vols.com/glossaire.php
www.tirawa.com/vols-secs/abecedaire.htm
www.vacances-ouvertes.asso.fr/pages/info_vacances/dossier/lexique

Bibliographie

BÉLANGER, Gilles, *Comment planifier votre voyage avec Internet*, 2ᵉ édition, Montréal, Éditions Logiques, 1999.

COLINON, Maurice (mise à jour Julie Horay), *Guide des monastères*, Paris, Guide Horay, 16ᵉ édition, 2003.

DAMIEN, Marie-Madeleine, *Le tourisme fluvial*, Collection Que sais-je? Nᵒ 3608, Paris, Éditions PUF, 2001

LEDOUX, Ginette, *Tout sur l'art de voyager*, Montréal, Éditions Logiques, 1999.

La France au fil de l'eau, Collection Les encyclopédies du voyage, Paris, Éditions Gallimard, 1996.

Fluvial, Magazine bimestriel, Dijon.

Guide Voir, Afrique du sud, Australie, Californie, Canada, Écosse, Espagne, Floride, Grande-Bretagne, Grèce, Guadeloupe, Hawaï, Îles grecques, Irlande, Italie, Japon, Jérusalem et Terre sainte, Martinique, Mexique, Moscou, Portugal, Sardaigne, Séville et l'Andalousie, Sicile, Singapour, Thaïlande, France. Éditions Hachette Tourisme et Éditions Libre Expression.

Quelques bonnes adresses Internet

- Consulats et ambassades canadiennes à l'étranger ou consulats et ambassades étrangères au Canada
www.embpage.org

- Agence des services frontaliers du Canada (ASFC)
www.cbsa-asfc.gc.ca
Les douanes
Système d'information automatisé
des douanes
Tél. : 1 800 959-2036 (au Canada),
ou (204) 983-3700 ou (506) 636-5067

- Bureau des passeports
www.ppt.gc.ca
Tél. : 1 800 567-6868 (appels du Canada)
Montréal (514) 283-2152
Ottawa-Hull (819) 994-3500
Toronto (416) 973-3251
Vancouver (604) 586-2500

- Agence canadienne d'inspection des aliments
www.inspection.gc.ca

- CIA fact book
www.cia.gov/cia/publications/factbook

- Société canadienne de santé internationale
www.csih.org

- Unesco Patrimoine mondial
whc.unesco.org

- Villes du Patrimoine mondial
www.ovpm.org

- Docteur vacances (en coll. avec l'OMS)
www.traveling-doctor.com/docvac/FR/sommaire

- Santé Canada : programme de médecine de voyages
  www.hc-sc.gc.ca/pphb-dgspsp/tmp-pmv/index_f.html

- Les bureaux touristiques du monde entier
  www.towd.com

- Les compagnies aériennes
  www.iata.org

- Guichets automatiques
  www.mastercard.com/atm
  www.visa.com/pd/atm

- Bon Voyage, mais...
  www.voyage.gc.ca/main/pubs/bon_voyage_but-fr.asp

- Bureaux du gouvernement canadien à l'étranger :
  www.voyage.gc.ca/main/foreign/fordest/
  foreign_view_client-fr.asp

- One Bag
  www.onebag.com (en anglais seulement)

- Bringing pets to Britain
  www.defra.gov.uk/animalh/quarantine/index.htm
  (en anglais seulement)

- Santé Voyage
  www.SanteVoyage.gc.ca

- Flying doctor : médecine aéronautique
  www.aerodoc.fr.st

- Pour les personnes âgées ou retraitées
  www.wiredseniors.com/ageofreason

- Kéroul
  www.keroul.qc.ca

- Guide accessible
  www.guide-accessible.com

Pour apprivoiser l'avion

- Centre antistress aéronautique Air France
  1, avenue du maréchal Devaux
  91551 Paray-Vieille-Poste Cedex
  Tél : 01-41 75-25-05

- Air M.A.G (Air Canada)
  18105, rue Addison
  Pierrefonds (Québec)
  H9K 1N7
  (514) 990-1111
  www.airmag.ca

Voyages équitables (ou solidaires)

- Rencontres au bout du monde
  perso.wanadoo.fr/rbm/index.html

- Tourisme durable
  www.tourisme-durable.net

- SOTDER (Société de tourisme durable et responsable)
  www.sotder.org

- Bureau international du tourisme social
  www.bits-int.org

- Échanges de maison
  http://pages.infinit.net/cerje

- L'Antre Amis
  www.antre-amis.com

- Troc-Maison
  www.trocmaison.com

- Aéro-Stop
  aerostop.free.fr

- Fondation des monastères
  www.fondationdesmonasteres.org

- Voyager en vélo
  www.velo.qc.ca

- Décalage horaire entre deux villes du monde
  www.billets-avion-vols.com/informations_pratiques/
  decalage_horaire.htm

- Des vacances *gay*
  www.gaybek.com/fr

- Tourisme Québec
  www.bonjourquebec.com

Table des matières

Introduction... 5

Avant de partir.. 7
Précautions certes pas inutiles................................. 7
L'agent de voyages est là....................................... 9
L'aspect financier 10
Préparez votre domicile.. 10

Les documents de voyage 12
Assurance-voyage.. 12
Assurances-annulation 12
Passeport.. 13
Que faire en cas de papiers volés?........................ 15
Visa.. 16

Faire ses valises... 18
Comment faire sa valise?.. 21

Pour être à l'aise dans l'avion............................ 25
Choisir sa place.. 25
  Qu'est-ce que le syndrome de la classe
    économique?.. 26

La croisière s'amuse..... 29

Voyager au féminin 33
Voyager enceinte 38
Voyager avec des enfants................................... 39
   En voiture avec des enfants 42
Recommandations diverses 43

Voyager seul 45

Le monde gai 47
Quelques villes ouvertes aux gais..................... 50
Quelques plages ouvertes aux gais 50

Les aînés ont la bougeotte 51

Voyager avec un handicap............................... 54

Voyager avec des animaux de compagnie...... 58
En voiture, Arthur!.. 59
Dans l'avion, Gaston! 60
En route vers l'Angleterre 62

Attention aux maladies.................................... 65
Pour demeurer en bonne santé 65
Comment éviter les piqûres de moustiques 68
Les risques de la mer 69
   Les vives 69
   Les méduses 70
   Les risques du soleil 71
Les mesures d'hygiène 74
La nourriture.. 74
Les boissons 75
Le soleil 75

Décalage horaire et peur en avion 77
Symptômes du décalage horaire 77
Combattre le décalage horaire 78
   Avant le départ.. 78
   En vol.. 78